Manual de Obra Misionera

Gerhard A. Hunger

Contenido

A MODO DE INTRODUCCIÓN

El presente curso tiene por objetivo, alentar, promover y adiestrar a los miembros de la iglesia, en la magna obra de salvar almas.

En cada iglesia debiera darse un curso sistemático sobre obra misionera, uniendo los lineamientos aquí trazados con la experiencia de los hermanos en los diversos campos. Los hermanos que no tienen el privilegio de tener maestros experimentados a su lado, debieran estudiarlo detenidamente con ferviente oración, a fin de recibir la guía del Espíritu Santo.

Sabemos que muchos hermanos están deseosos de trabajar pero necesitan instrucción.

La sierva de Dios dice:

"Muchos trabajarían con gusto si se les enseñara cómo empezar. Necesitan instrucción y aliento.

Cada iglesia debe ser escuela práctica de obreros cristianos. Sus miembros deberían aprender a dar estudios bíblicos, a dirigir y enseñar clases en las escuelas sabáticas, a auxiliar al pobre y cuidar al enfermo, y trabajar en pro de los inconversos. Debería haber escuelas de higiene, clases culinarias y para varios ramos de la obra caritativa cristiana. Debería haber no solo enseñanza teórica, sino también trabajo práctico bajo la dirección de instructores experimentados. Abran los maestros el camino trabajando entre el pueblo, y otros, al unirse con ellos, aprenderán de su ejemplo. Un ejemplo vale mucho más que muchos preceptos" (M.C. págs. 107, 108).

El primer capítulo consiste en una reseña trazada por la pluma inspirada., destacando el privilegio de trabajar para el cielo. En capítulos sucesivos serán considerados principios generales e instrucciones en el arte de tomar contactos, dar estudios bíblicos y diversos aspectos relacionados a la obra de los Misioneros Laicos.

Los métodos a aplicar pueden variar según las modalidades de cada país, aunque ciertos principios básicos serán útiles en todo el mundo.

Además de lo expuesto, habría mucho para tratar, pero deseamos que después de esta introducción cada miembro del pueblo de Dios, siga ahondando en la ciencia de la salvación de las almas. Obremos en esto, guiados por el Espíritu de Dios

Departamento de Evangelismo de la Conferencia General.

I. LA GRAN MISIÓN PARA NUESTRO TIEMPO

1. SOMOS ENVIADOS POR CRISTO

"Porque así nos ha mandado el Señor, diciendo: Te he puesto para luz de los gentiles, a fin de que seas para salvación hasta lo último de la tierra." Hechos 13:47.

"Cristo se hallaba sólo a pocos pasos del trono celestial cuando dio su comisión a sus discípulos. Incluyendo como misioneros a todos los que creyeran en su nombre, dijo: 'Id por todo el mundo, predicad el Evangelio a toda criatura'. El poder de Dios había de acompañarlos" (*Servicio Cristiano*, pág. 14).

2. LO QUE DIOS ESPERA DE SU PUEBLO

"Dios espera un servicio personal de cada uno de aquellos a quienes ha confiado el conocimiento de la verdad para este tiempo."

"Cada verdadero discípulo nace en el reino de Dios como misionero."

"El salvar almas debe ser la obra de la vida de todos los que profesan a Cristo. Somos deudores al mundo de la gracia que Dios nos concedió, de la luz que ha brillado sobre nosotros, y de la hermosura y el poder que hemos descubierto en la verdad."

"Todo el que ha recibido la iluminación divina, ha de alumbrar la senda de aquellos que no conocen la Luz de la vida."

"A cada uno se le ha asignado una obra, y nadie puede reemplazarlo. Cada uno tiene una misión de maravillosa importancia, que no puede descuidar o ignorar, pues su cumplimiento implica el bienestar de algún alma, y su descuido el infortunio de alguien por quien Cristo murió."

"Todos debemos ser obreros juntamente con Dios. Ningún ocioso es reconocido como siervo suyo."

3. QUEDA POCO TIEMPO. Juan 9:4

"Se me ha pedido que presente a nuestro pueblo el mensaje que sigue: Trabajad sin tardanza en las ciudades, porque queda poco tiempo." (Ev. 29).

"Los hombres pronto se verán obligados a efectuar grandes decisiones, y deben tener oportunidad de oír y de comprender la verdad bíblica, a fin de que puedan decidirse inteligentemente por el camino recto. Dios pide ahora a sus mensajeros, en términos definidos, que amonesten a las ciudades mientras la misericordia todavía perdura y mientras las multitudes son aún susceptibles a la influencia transformadora de la verdad bíblica." (Ev. 23).

4. PREPARAMOS LA SEGUNDA VENIDA DE JESÚS. Mal. 4:5

a) Como Juan el Bautista.

"Como profeta, Juan había de convertir los corazones de los padres a los hijos y los rebeldes a la prudencia de los justos para aparejar al Señor un pueblo apercibido. Al preparar el camino para la primera venida de Cristo, representaba a aquellos que han de preparar un pueblo para la segunda venida de nuestro Señor." (D.T.G. 76).

b) Un llamado a despertar.

"El Señor no puede aprobar a un pueblo que, aunque hace profesión de piedad y declara creer en su próxima venida, no advierte a las ciudades que pronto van a caer juicios sobre la tierra.

Los que obran así deberán dar cuenta de su negligencia. Cristo dio su preciosa vida para salvar a las almas que perecen en sus pecados. ¿Nos negaremos a cumplir la obra que nos fue asignada y a cooperar con Dios y con los agentes celestiales?

Hermanos míos, os invito a despertar. Las facultades espirituales que no se ejerciten en ganar almas para Cristo se debilitarán y acabarán por morir. ¿Cómo podremos justificarnos si descuidamos la grande y bella obra para cuyo cumplimiento Cristo dio su vida? No podemos dedicar a cosas vanas e insignificantes los pocos días que no quedan aquí en la tierra." (J.T. III. 340).

c) Apresuremos su venida.

"Mediante la proclamación del Evangelio a todo el mundo, está a nuestro alcance apresurar la venida de nuestro Señor." (Ev. 505).

5. LA LLUVIA TARDÍA NO CAERÁ HASTA QUE LA IGLESIA NO TRABAJE

"Cuando tengamos una consagración completa y sincera al servicio de Cristo, Dios reconocerá el hecho mediante un derramamiento de su Espíritu sin medida; pero esto no ocurrirá mientras la mayor parte de la iglesia no esté trabajando juntamente con Dios." (Ev. 507).

6. LA MISIÓN DE LA IGLESIA

"La iglesia de Cristo en la tierra fue organizada con propósitos misioneros, y el Señor desea ver a la iglesia entera ideando formas y medios por los cuales los encumbrados y los humildes, los ricos y los pobres, puedan escuchar el mensaje de la verdad". (S.C. 92).

"Una iglesia que trabaja es una iglesia viva. Somos incluidos en la edificación como piedras vivas, y cada piedra preciosa ha de emitir luz. Cada cristiano es comparado a una piedra preciosa que capta la gloria de Dios y la refleja." (J.T. III. 68).

"Largo tiempo ha esperado Dios que el espíritu de servicio se posesione de la iglesia entera, de suerte que cada miembro trabaje por él según su capacidad." (S.C. 16).

7. HAY UN LUGAR PARA TI

"Todo seguidor de Jesús tiene una obra que hacer como misionero en favor de Cristo, en la familia, en el vecindario, en el pueblo o ciudad donde viva. Todos los que están consagrados a Dios son canales de luz. Dios hace de ellos instrumentos de justicia para comunicar a los demás la luz de la verdad." (S.C. 24).

"Cada uno tiene su lugar en el plan eterno del cielo. Cada uno ha de trabajar en cooperación con Cristo para la salvación de las almas. Tan ciertamente como hay un lugar preparado para nosotros en las mansiones celestiales, hay un lugar designado en la tierra donde hemos de trabajar para Dios." (P.V.G.M. 306).

"Hay algo que cada uno debe hacer. Toda alma que cree la verdad ha de ocupar su lugar diciendo: "Heme aquí, envíame a mí.""

8. GRUPOS DE MISIONEROS LAICOS DEBEN SER ORGANIZADOS EN CADA IGLESIA

"Organícense nuestras iglesias en grupos para servir. Únanse diferentes personas para trabajar como pescadores de hombres. Procuren arrancar almas de la corrupción del mundo y llevarlas a la pureza salvadora del amor de Cristo."

"La formación de pequeños grupos como base del esfuerzo cristiano me ha sido presentada por Uno que no puede errar. Si hay muchos miembros en la iglesia, organícense en pequeños grupos para trabajar no sólo por los miembros de la iglesia, sino en favor de los incrédulos. Si en algún lugar hay solamente dos o tres que conocen la verdad, organícense en un grupo de obreros. (J.T. III. 84).

"El plan de formar grupos de Misioneros Laicos en todas las iglesias, ha sido presentado por Dios, "por uno que no puede errar." El Departamento de Evangelismo de la Conferencia General ha puesto en marcha este plan, que ha traído ecos positivos.

Denomínase Misionero Laico, a los hermanos, hermanas o jóvenes que dedican un mínimo de diez horas mensuales a la obra misionera efectiva, e informan su trabajo voluntario en el formulario correspondiente.

Si se encuentran en armonía con nuestro mensaje, serán incluidos en la lista de Misioneros Laicos, y recibirán la correspondiente credencial.

En las iglesias más numerosas, debieran formarse pequeños equipos de seis a ocho personas. Cada grupo deberá tener su coordinador para supervisar y coordinar el trabajo de su equipo, con el director misionero de la iglesia.

El plan de Dios es que cada miembro integre el cuerpo de Misioneros Laicos. Cada miembro debe colaborar y apoyar para que este plan sea llevado a cabo. El tiempo es ahora.

9. UNA MISIÓN PARA JÓVENES, ADULTOS Y ANCIANOS

" Se asigna una obra particular a cada cristiano."

"Dios exige que cada uno sea un obrero en su viña." (S.C. 13).

a) A los jóvenes:

"El Señor ha designado a los jóvenes para que acudan en su ayuda." (J.T. III. 105).

"Con semejante ejército de obreros, como el que nuestros jóvenes, bien preparados, podrían proveer, ¡cuan pronto se proclamaría a todo el mundo el mensaje de un Salvador crucificado, resucitado y próximo a venir! (La Ed. 264).

"Jóvenes y señoritas, ¿no podéis formar grupos y, como soldados de Cristo, alistaros en la labor, poniendo vuestro tacto, capacidad y talento al servicio del Maestro, para que podáis salvar almas de la ruina? Organícense grupos en todas las iglesias para hacer esta obra." (S.C. 44).

b) A los adultos:

"Miembros de la iglesia, permitid que brille la luz."

"Vuestra voz, vuestra influencia, vuestro tiempo, todos éstos son dones de Dios y han de ser usados para ganar almas para Cristo. (S.C. 26).

"Somos los testigos de Cristo, y no hemos de permitir que los intereses y planes mundanos absorban nuestro tiempo y atención." (S.C. 21).

"Tampoco recae únicamente sobre el pastor ordenado la responsabilidad de salir a realizar la comisión evangélica. Todo el que ha recibido a Cristo está llamado a trabajar por la salvación de su prójimo." (S.C. 17).

c) A los ancianos:

- En muchos lugares hay hermanos que cuando reciben su jubilación dedican la mayor parte de su tiempo al trabajo por las almas, lo que les reporta gozo y bendición.

- Las experiencias vividas con el Señor, pueden ser inspiradoras para muchos. Mientras tengamos fuerzas, podemos contar de Jesús a los que están a nuestro alcance.

- Pueden ayudar con los recursos que Dios les dio.

- Una obra de gran valor ha sido efectuada por ancianos imposibilitados de salir, pero que se proponen orar sistemáticamente por aquellos que trabajan y una lista de interesados, familiares y probables conversos.

10. LOS NIÑOS DEBEN SER ENSEÑADOS Y ESTIMULADOS A TESTIFICAR

"Aun a los niños debe enseñárseles a hacer pequeñas diligencias de amor y misericordia para los que son menos afortunados que ellos." (J.T. III. 68).

"Los padres debieran enseñar a sus hijos el valor y el debido uso del tiempo. Enséñeseles que vale la pena luchar para hacer algo que honre a Dios y beneficie a la humanidad. Aún en sus tempranos años pueden ser misioneros para Dios." (P.V.G.M. 325).

"Vayan los jóvenes, las señoritas y los niños al trabajo en el nombre de Jesús. Unanse en algún plan de acción." (S.C. 44).

11. LA MISIÓN DE LA MUJER

"Las mujeres tanto como los hombres, pueden sembrar la verdad donde pueda obrar y hacerse manifiesta. Pueden ocupar su puesto en esta crisis, y el Señor obrará por su intermedio. Si las compenetra el sentimiento de su deber y si trabajan bajo la influencia del Espíritu Santo, tendrán el dominio propio que este tiempo demanda. El Señor hará brillar la luz de su rostro sobre esas mujeres animadas por el espíritu de sacrificio y les dará un poder superior al de los hombres. Pueden realizar en las familias una obra que los hombres no pueden hacer, una obra que penetra hasta la vida interior. Pueden acercarse a los corazones de personas a las cuales los hombres no pueden alcanzar. Su cooperación es necesaria. Las mujeres discretas y humildes pueden hacer una buena obra al explicar la verdad en los hogares. Así explicada, la Palabra de Dios obrará como una levadura, y familias enteras serán convertidas por su influencia." (J.T. III 347).

"Se necesitan mujeres para trabajar, mujeres que no estén engreídas, sino que sean mansas y humildes de corazón y que trabajen con la mansedumbre de Cristo donde pueden hallar algo que hacer por la salvación de las almas.," (S.C. 37).

"Hermanas, no os canséis de la obra misionera vigilante. Este es un trabajo en el cual todas podéis ocuparos con éxito si solamente os relacionáis con Dios." (S.C. 38).

12. LOS PADRES EN EL HOGAR

"Debe darse instrucción religiosa a los niños desde sus más tiernos años. Debe serles dada no con espíritu de condenación, sino con un espíritu alegre y feliz. Las madres necesitan estar en guardia constantemente, no sea que la tentación llegue a los niños en forma que no la reconozcan. Los padres han de proteger a sus hijos con instrucciones sabias y placenteras. Como los mejores amigos de estos seres inexpertos, deben ayudarles en la obra de vencer, porque para ellos el ser victoriosos significa todo. Deben considerar que sus amados hijos que están tratando de hacer lo recto son miembros más jóvenes de la familia del Señor, y deben sentir intenso interés por ayudarles a andar rectamente en el camino real de la obediencia. Con amante interés deben enseñarles día tras día lo que significa ser hijos de Dios y entregar la voluntad en obediencia a El."

"Con sencillez, enseñadles a prestar su primer servicio a Dios. Presentadles esta obra de la manera que haga más fácil su comprensión." (J.T. III. 391, 392).

"Si los padres sintiesen por la salvación de sus propios hijos la solicitud que debieran sentir, si los llevasen al trono de la gracia en sus oraciones y viviesen de acuerdo con sus oraciones, sabiendo que Dios quiere cooperar con ellos, podrían tener éxito en su trabajo por los niños que no son de su propia familia, y especialmente por aquellos que no pueden recibir consejos ni dirección de sus propios padres." (J.T. II. 521).

13.   ¡DIOS TE LLAMA!

"¿Dónde están los hombres que saldrán a realizar la obra confiando plenamente en Dios y listos para actuar con decisión?

Dios hace este llamamiento: `Hijo, ve hoy a trabajar en mi viña´. Dios convertirá a los jóvenes de hoy en mensajeros escogidos para presentar ante la gente la verdad en contraste con el error y la superstición, si ellos quieren entregarse a él." (Ev. 21).

"Despertaos, hermanos; por causa de vuestra propia alma, despertaos. Sin la gracia de Cristo no podéis hacer nada. Trabajad mientras podáis." (S.C. 102).

14.   ¿POR QUE CORRER EL RIESGO?

"Nadie piense que se halla en libertad para cruzarse de brazos y no hacer nada. El que alguien pueda salvarse en la indolencia e inactividad es imposible. Pensad en lo que hizo Jesús durante su ministerio terrenal. ¡Cuán fervorosos, cuán incansables eran sus esfuerzos! No permitió que nada lo desviara de la obra que le fue encomendada. ¿Estamos siguiendo sus pasos?" (C.E. 107).

"El mundo necesita misioneros, misioneros locales consagrados, y nadie será registrado en los libros del cielo como cristiano si no tiene un espíritu misionero." (S.C. 110).

"Si los miembros de iglesia no emprenden individualmente esta obra, demuestran que no tienen relación viva con Dios. Sus nombres están registrados como el de siervos perezosos." (J.T. II. 163).

"Nunca podremos ser salvados en la indolencia y la inactividad. Una persona verdaderamente convertida no puede vivir una vida inútil y estéril. No es posible que vayamos al garete y lleguemos al cielo. Ningún holgazán puede entrar allí... Los que rehusan cooperar con Dios en la tierra, no cooperarían con él en cielo. No sería seguro llevarlos al cielo." (S.C. 112).

15. RECOMPENSAS TEMPORALES Y ETERNAS. Salmos 126:6

a) Felicidad:

"Aquellos que dedican sus vidas al ministerio cristiano conocen el significado de la verdadera felicidad. Sus intereses y sus oraciones alcanzan hasta más allá de sí mismos. Crecen mientras tratan de ayudar a otros." (S.C. 331).

"La iglesia que se entrega con éxito a esta obra, es una iglesia feliz." (S-.C-.332).

b) Paz:

"Al trabajar para otros se experimentará una dulce satisfacción, una paz interior que será en sí suficiente recompensa. Cuando estén animados por un elevado y noble deseo de hacer bien a otros, ellos (los seguidores de Dios) hallarán verdadero deleite en el cumplimiento de los múltiples deberes de la vida. Esto traerá más que una recompensa terrenal; porque los ángeles toman nota de cada ejecución fiel y abnegada del deber, la cual brilla en el registro de la vida." (S.C. 334).

c) Recompensa eterna: Salmos 126: 6.

"No es una cosa vana servir a Dios. Hay una recompensa inestimable para los que dedican la vida a su servicio." (S.C. 328).

"Y por corto que sea nuestro servicio o humilde nuestro trabajo, si con una fe sencilla seguimos a Cristo, no seremos chasqueados en cuanto a la recompensa. Aquello que aun los mayores o los más sabios hombres no pueden ganar, el más débil y el más humilde pueden recibir."

"Bendita será la recompensa de gracia concedida a los que trabajaron por Dios con simplicidad de fe y amor." (P.V.G.M. 385).

16. ¿CÓMO INCENTIVAR A LA IGLESIA AL TRABAJO MISIONERO?

Describase las bendiciones y los riesgos que corremos al trabajar o no en la obra misionera.

La iglesia debe ser motivada a través de los métodos siguientes:

a) Sermones misioneros: Donde se apela con fevor a las conciencias de tomar parte en la actividad misionera.

b) Los 10 minutos misioneros, así como las reuniones de experiencias misioneras relacionadas a las ganancias de almas, estimulan y muestran que es posible hacer algo para el maestro.

c) Visitas y diálogos personales. Obra pastoral en donde se muestran los dones que la persona tiene y se apela a su buena voluntad.

d) Acompañar a los hermanos uno por uno en el trabajo misionero para que vean como se actúa y pierdan el miedo, motivándose a salir solos después.

e) Suministrar el material necesario para dar estudios bíblicos y motivar a las personas a seguir los caminos de Dios.

f) El plan Andrés: Juan 1:40-42.

g) El plan del hermano mayor: Hechos 9:15-17.

h) Adiestramiento práctico de la hermandad: es el mandato para que aprendan cómo trabajar y contestar objeciones y preguntas.

i) Dar participación a la iglesia en la planificación a fin de motivar a los miembros.

j) Organizar el cuerpo de laicos dando estímulos. Como por ejemplo: dar material, visitas a otras iglesias, una mención pública, regalo especial, dar una credencial de laico, congresos de laicos, y otras formas de estimular.

Se considera laico a aquel que trabaja 10 horas por mes (como mínimo) e informa.

Al elevar el nivel espiritual de la iglesia, sus miembros verán la misión que Dios les ha encomendado en trabajar para el maestro y lo harán con alegría.

II. LOS MISIONEROS LAICOS A TRAVÉS DE LOS TIEMPOS

1. En el Antiguo Testamento muchos de los hombres utilizados por Dios para advertir, orientar y ayudar a su pueblo, tenían ocupaciones comunes: Agricultura, ganadería, etc. Amós era pastor de ovejas y no hijo de profeta. (Amos 7: 14).

    a) En el Nuevo Testamento se registran diversos laicos. Unos varones de Chipre y Cirene hicieron una gran obra en Antioquía. Hechos 11: 20-21.

    b) Bernabé fue enviado para ver la situación y se regocijó. Hechos 11: 22-23.

2. En Romanos 16 se mencionan diversos nombres, como Priscila y Aquila (vers.3), fabricantes de tiendas, pero fervorosos obreros; María (vers.6). Urbano (vers.9). Trifena y Trifosa, Pérsida (vers.12).

    En 1ª Cor. 16: 15, menciona la familia de Estéfanas.

3. Los cristianos esparcidos predicaban la palabra. Hechos 8: 4.

4. Wiclef organizó durante la reforma protestante en el siglo XVI "un cuerpo de predicadores, todos ellos hombres sencillos y piadosos, que anhelaban la verdad y no ambicionaban otra cosa que extenderla por todas partes. Para darla a conocer enseñaban en el mercado, en las calles de las grandes ciudades y en los sitios apartados." (C.S. 93).

5. Guillermo Miller: "Un agricultor íntegro y de corazón recto, fue el hombre especialmente escogido por Dios para dar principio a la proclamación de la segunda venida de Cristo." (C.S. 363).

6. En l844:

    "La circunstancia de ser predicado el mensaje mayormente por laicos, se presentaba como argumento desfavorable. Como antiguamente, se oponían al testimonio claro de la Palabra de Dios con la pregunta: ¿Ha creído en él alguno de los príncipes, o de los fariseos?" (C.S. 430).

7. La obra de Reforma será terminada con los laicos durante la lluvia tardía.

    "Véase a centenares y miles de personas visitando las familias y explicándoles la Palabra de Dios. Los corazones eran convencidos por el poder del Espíritu Santo, y se manifestaba un espíritu de sincera conversión. En todas partes las puertas se abrían de par en par para la proclamación de la verdad. El mundo parecía iluminado por la influencia divina. Los verdaderos y sinceros hijos de Dios recibían grandes bendiciones." (J.T. III 345).

III. LA NECESIDAD DE PREPARACIÓN

"Procura con diligencia presentarte a Dios aprobado, como obrero que no tiene de qué avergonzarse, que usa bien la palabra de verdad." 2ª Tim. 2:15.

1. NUESTRA NECESIDAD

"Es educación, preparación, lo que se necesita. Los que trabajan en visitar las iglesias deben dar a los hermanos y hermanas instrucción en los métodos prácticos de realizar la obra misionera." (S.C. 74).

"Las iglesias se están marchitando porque no han empleado sus talentos en difundir la luz. Deben darse instrucciones cuidadosas que serán como lecciones del Maestro, para que todos puedan usar prácticamente su luz. " J.T. III. 64).

"La mayor ayuda que pueda darse a nuestro pueblo consiste en enseñarle a trabajar para Dios, y a confiar en él, y no en los ministros." (J.T. III. 82).

2. MAYOR ÉXITO

"La manera en que la verdad se presenta a menudo, tiene mucho que ver en cuanto a determinar si será aceptada o rechazada." (O.E. 94).

3. DEBE HABER ADIESTRAMIENTO

a) "En toda iglesia, los miembros deben ser adiestrados de tal manera que dediquen tiempo a ganar almas para Cristo. ¿Cómo puede decirse a la iglesia: `Vosotros sois la luz del mundo,´ a menos que sus miembros estén realmente impartiendo luz?

Despierten y comprendan su deber los que están encargados del rebaño de Cristo, y pongan a muchas almas a trabajar." (J.T. III 69).

b) "Es muy esencial que tal educación sea dada a los miembros de la iglesia, para que éstos se conviertan en obreros abnegados, devotos, eficientes para Dios; y es solamente por una conducta semejante como puede evitarse que la iglesia llegue a ser inservible y a estar muerta... Todo miembro de la iglesia ha de llegar a ser un obrero activo: una piedra viva, que emita luz en el templo de Dios." (S.C.79).

c) "Los ministros están consintiendo a las iglesias que conocen la verdad mientras millares están pereciendo sin Cristo. Si se diera la instrucción que debe darse, si se siguieran los métodos que deben seguirse, cada miembro de la iglesia haría su parte como le corresponde al ser un miembro del cuerpo. Haría obra misionera cristiana. Las iglesias se están muriendo, y quieren que el ministro les predique. Debe enseñárseles a traer un diezmo fiel a Dios para el pueda fortalecerles y bendecirles. Deben capacitarse para trabajar, para que el resuello de Dios pueda venir a ellos. Se les debe enseñar que a menos que puedan conservarse firmes solos, sin un ministro, necesitan convertirse de nuevo y ser bautizados otra vez." (G.C.B. 204).

4. LA OBRA SERÁ UN FRACASO SIN ENSEÑANZA

"Ha quedado demostrado... que no importa cuánto talento exista para la predicación, si la parte de hacer el trabajo es descuidada, si no se enseña a la gente a trabajar, cómo tener reuniones, cómo hacer su parte en el trabajo misionero, cómo alcanzar a la gente con buenos resultados, la obra será prácticamente un fracaso." (Test. t.5, 256).

5. INCLÚYASE A LAS PERSONAS NUEVAS

"Especialmente a las personas que hace poco aceptaron la fe debe enseñárseles a colaborar con Dios." (J.T. III. 323).

6. TRES FACULTADES DEBEN DESARROLLARSE·

"La verdadera educación significa más que la prosecución de un determinado curso de estudio. Significa más que una preparación para la vida actual. Abarca todo el ser, y todo el período de la existencia accesible al hombre. Es el desarrollo armonioso de las facultades físicas, mentales y espirituales." (Ed. 11).

1. **Espiritual:**
   - Buscar una experiencia personal con Cristo.
   - Depender constantemente de Dios.
   - Tener plena confianza en el mensaje.
   - Más espiritualidad que argumentos.
   - Eliminar rencores, amarguras y prejuicios.
   - Estar reconciliado con Dios.
   - Sentir el peso por las almas.

2. **Mental: Prov. 3: 13.**

   "El Señor desea que obtengamos toda la educación posible, con el objeto de impartir nuestro conocimiento a otros".

   "No deberíamos descuidar ni una sola oportunidad de prepararnos intelectualmente para trabajar por Dios." (P.V.G.M. 312, 313).

   " Los miembros de la iglesia deben trabajar; deben educarse a sí mismos, luchando para alcanzar la alta norma colocada ante ellos. El Señor los ayudará a alcanzarla si ellos cooperan con él." (S.C. 79).

3. **Física:**

   - Un rostro alegre y amable. Is. 3: 9
   - Un andar seguro, porte firme, entusiasta y sereno.
   - Higiene personal.
   - Bien afeitado, uñas limpias, cabello peinado, etc.
   - Ropa limpia y decente. Que cuadre con nuestros principios.
   - Ropa planchada, zapatos lustrados, etc.

7. EL EQUIPO DEL MISIONERO LAICO DEBIERA LLEGAR A COMPONERSE DE:

a) Biblias: diversas traducciones, especialmente una versión católica.

b) Guías de estudios bíblicos.

c) Ilustraciones sobre las profecías más destacadas.

d) Concordancia Bíblica.

e) Diccionario común y Diccionario Bíblico.

f) Libros del Espíritu de Profecía: Obreros Evangélicos, Servicio Cristiano, Evangelismo, Joyas, Conflicto de los Siglos, Camino a Cristo, etc.

g) Instrucciones sobre Obra Misionera.

h) Archivo de recortes, citas, artículos e ilustraciones.

¡CUANDO CRISTO REINA PLENAMENTE EN NOSOTROS !

Virtudes indispensables que Jesús desea colocar en sus siervos mediante su Espíritu. Eze.. 36: 26-27; Gal. 5: 22-24.

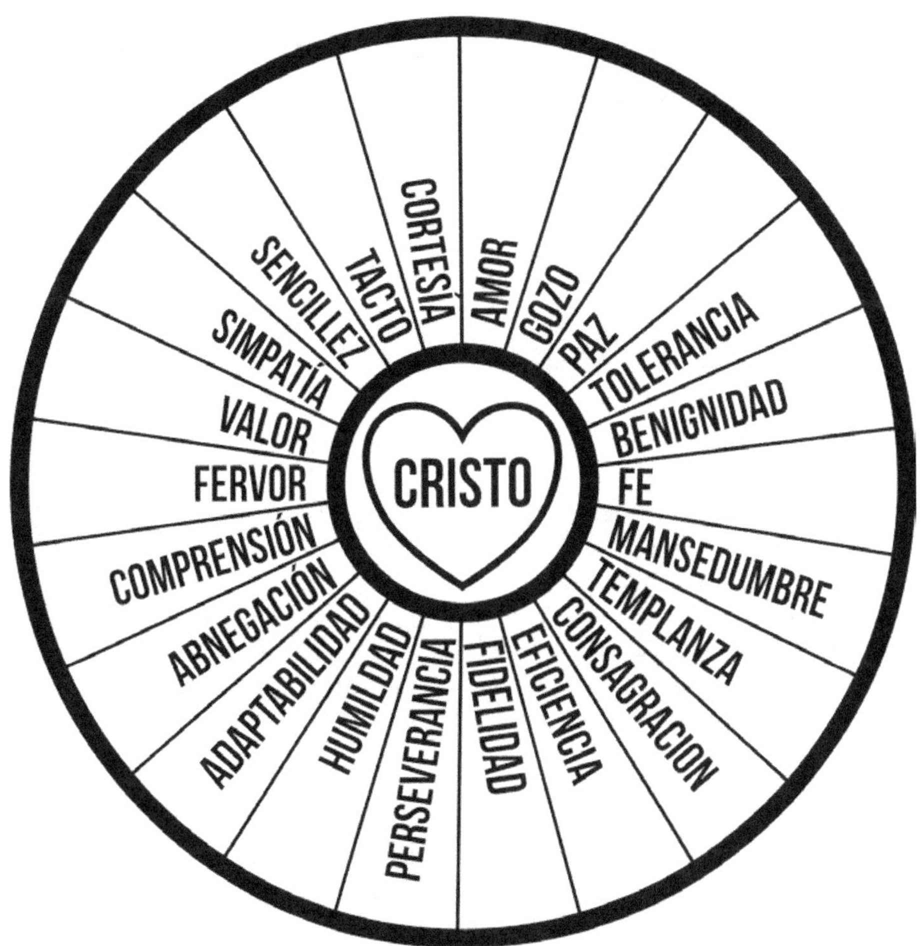

IV. TRES PASOS FUNDAMENTALES PARA QUE DIOS NOS PUEDA UTILIZAR

1. DESCONFIAR DE NOSOTROS MISMOS

"Lo primero que deben aprender todos los que quieran trabajar con Dios es la lección de desconfianza en sí mismos; entonces estarán preparados para que se les imparta el carácter de Cristo." (D.T.G. 215).

a) Jesús expresó: "No puedo hacer nada por mí mismo." Juan 5: 30.

b) Isaías: Después de su confesión (Isa. 6.: 5), el ángel tocó sus labios. (Isa. 6: 7-8).

c) Jeremías confesó: "No sé hablar porque soy niño", luego el Señor lo envió y lo capacitó. Jer. 1: 6-10.

d) Daniel: "Mi fuerza se cambió en desmayo"; luego le dice el ángel "muy amado", y recibe una visión importante. (Dan. 10: 8,11.).

e) Juan el Bautista: "No soy digno de desatar la correa de su calzado." Jesús lo llama "...el mayor profeta." (Luc. 3: 16; 7: 28). f) Pedro reconoce: "Soy hombre pecador" luego Jesús le dice: "Serás pescador de hombres." (Luc. 5: 8-10).

g) Pablo: Se reconoció como el primer pecador (1ª Tim. 1: 15) escribió 14 libros del Nuevo Testamento.

2. UNA RENDICIÓN TOTAL A CRISTO.

a) El yo debe morir, debe ser ofrecido a Cristo. Gál. 2: 20; Col. 3: 30.

b) "Al escoger los instrumentos para su obra, el Señor pasa por alto a los que el mundo honra como grandes, talentosos y brillantes. Con demasiada frecuencia son orgullosos y presumidos. Se creen competentes para actuar sin el consejo de Dios." (P.P. 595)

"El discípulo que más se asemeja a un niño es el más eficiente en la labor para Dios. Los seres celestiales pueden cooperar con aquel que no trata de ensalzarse a sí mismo sino de salvar almas." (D.T.G. 403)

c) "Pero ningún hombre puede despojarse de su yo por sí mismo. Sólo podemos consentir que Cristo haga esa obra. Entonces el lenguaje del alma será: Señor, toma mi corazón porque yo no puedo dártelo. Es tuyo, mántenlo puro, porque yo no puedo mantenerlo por tí. Sálvame a pesar de mi yo débil y desigual a Cristo. Modélame, fórmame, elévame a una atmósfera pura y santa, donde la rica corriente de tu amor pueda fluir por mi alma." (P.V.G.M. 145).

d) Morir cada día: 1ª Cor. 15: 31.

"No sólo al comienzo de la vida cristiana ha de hacerse esta renuncia al yo. Ha de renovársela a cada paso que se dé hacia el cielo... Unicamente podemos caminar con seguridad mediante una constante renuncia al yo y dependencia de Cristo." (P.V.G.M. 145).

3. UNIR NUESTRA DEBILIDAD CON SU PODER Y NUESTRA IGNORANCIA CON SU SABIDURÍA.

"El Señor puede obrar más eficazmente por medio de los que mejor comprenden su propia insuficiencia, y quieran confiar en él como su jefe y la fuente de su poder." (P. P. 395).

a) "El Espíritu nos ayuda en nuestra debilidad." Rom. 8: 26.

b) Si Dios nos utiliza, entonces demos gloria a El. 1ª Cor. 1: 25-31.

c) Debemos cooperar con Dios preparándonos intelectualmente para el trabajo.

"Los miembros de la iglesia deben trabajar; deben educarse a sí mismos..."

"No deberíamos descuidar ni una sola oportunidad de prepararnos intelectualmente para trabajar para Dios." (S.C. 79).

¡ASÍ JESÚS NO NOS PUEDE USAR!

Características del cristiano profeso cuando predomina el propio yo. Gál. 5: 19-21; Mat. 15: 19.

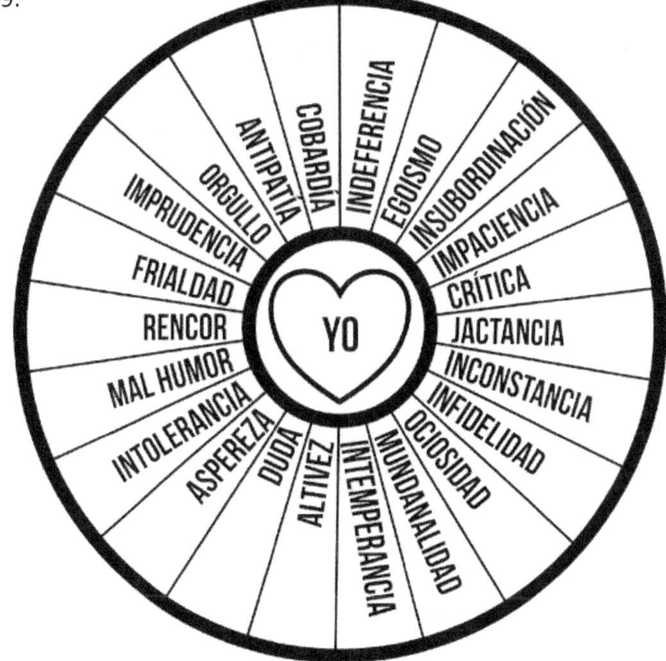

V. BASES FUNDAMENTALES EN LA CONQUISTA DE ALMAS

1. La obra la hace Dios, somos simples instrumentos

a) Por su Espíritu en el corazón del oyente.

"No es siempre la presentación más sabia de la verdad de Dios la que convence y convierte al alma. Los corazones de los hombres no son alcanzados por la elocuencia ni la lógica, sino por las dulces influencias del Espíritu Santo, que obra quedamente y sin embargo en forma segura para transformar y desarrollar el carácter. Es la queda vocecita del Espíritu de Dios la que tiene poder para cambiar el corazón." (P.R. 124)

- Cómo lograr esa ayuda divina?. El único medio es la oración fervorosa.

b) Por su Espíritu a través del instrumento humano.

- Dándonos agudeza mental, palabras, argumentos.

- Ayudándonos a obtener las virtudes indispensables para llegar a los corazones.

2. Se debe alcanzar la mente, el corazón, y apelar a la voluntad

Para conseguir decisiones duraderas en las almas, debemos alcanzar la mente y el corazón de nuestros oyentes. Alcanzar la mente significa que comprenden la verdad, alcanzar el corazón, que la aman. Para lograr esto debemos encontrar el camino al corazón. Si nos rechazan a nosotros, antes de aceptar a Cristo plenamente, rechazarán también el mensaje.

a) Debe alcanzarse la mente.

- Instruir.

- Convencer, corregir conceptos equivocados.

- Vencer las barreras del prejuicio, etc.

b) Debe alcanzarse el corazón.

- Afinidad espiritual -romper el hielo-.

- Despertar el amor y la fe.

- El corazón debe estar abierto a la influencia divina mediante su Espíritu y la palabra presentada.

c) Fortalecer la voluntad: Después de alcanzar la mente y el corazón debe apelarse a la voluntad, en llevar a la práctica lo oído.

3. CINCO LLAVES PARA ALCANZAR LA MENTE

La parte que Dios desea hacer mediante nosotros...

"El tratar con mentes humanas es la tarea más hermosa que jamás fuera confiada al hombre mortal." (Ev. 255-256).

1. PSICOLOGÍA (Tacto)

Ser oportuno, circunspecto, respetuoso, adaptable. Enseñar acorde a la capacidad de recepción.

"En la obra de ganar almas, se necesita mucho tacto y sabiduría. El Salvador no suprimió nunca la verdad, sino que la declaró siempre con amor. En su trato con los demás, él manifestaba el mayor tacto, y era siempre bondadoso y reflexivo" (O.E. 123).

2. CONOCIMIENTO

Argumentos claros y sólidos de la palabra de Dios.

3. LÓGICA O COHERENCIA

Hilvanar adecuadamente los pensamientos, de modo que el oyente alcance a comprender y retener.

4. CONVICCIÓN Y FIDELIDAD

La firme convicción es contagiante. Un mal testimonio, la infidelidad, anula lo que decimos.

5. PERSEVERANCIA

Construir metódicamente, verdad con verdad, convenciendo, apelando a la voluntad, sin dejar que por nuestro descuido, se enfríe el interés y surjan las dudas.

"Debemos proseguir la obra del Señor en su nombre, con la perseverancia y el celo incansable que puso el Salvador en su obra" (Test. V, 141).

"Todo maestro debería cuidar que su trabajo tienda a resultados definidos. Antes de intentar enseñar a una persona debería tener en su mente un plan distintamente trazado y saber qué es lo que se propone llevar a cabo" (Ev. 352).

4. CINCO LLAVES PARA ABRIR EL CORAZÓN

Virtudes que Cristo desea colocar en nosotros.

1. AMOR, Juan 13:35

- Las almas sienten el amor o la frialdad que tenemos hacia ellos.
- Jesús nos ama a pesar de nuestras debilidades.
- Despojarnos de prejuicios sociales, raciales, religiosos, etc.
- No condenar, denunciar ni discutir. Instruir y ayudar.
- Ser serviciales, caritativos, atentos a las necesidades.
- Mostrar auténtico amor a los familiares inconversos.

2. **HUMILDAD O.E. 150 *1**

- No sentirse más santo, más sabio ni mejor.
- Depender de Dios continuamente, que El coloque sus palabras en nosotros.
- No jactarse, no esperar el aplauso, soportar las objeciones y censuras con paciencia.
- Tratar con deferencia -respeto- a los oponentes. 2 Tim. 2: 25. O.E. 387. *2
- Tener un espíritu de perdón, nunca guardar rencores.
- Disminuirse: No colocarse en el nivel de maestro o predicador sino de amigo. Fil 2: 3; Mat. 11: 29.

3. **SIMPATÍA**

- Palabras amables dichas con sencillez.
- Tener fe en los demás, no expresar dudas a los oyentes ni pesimismo. Confianza despierta confianza. Amor despierta amor..
- Pequeñas atenciones.
- Expresar elogios sinceros

- reconocimiento, no adulación.
- Honrar a todos. 1 Pedro 2: 17.
- No condenar, no ahondar el dolor mediante reproches. Sin condescender con el pecado, amar al pecador y mostrarle a Jesús.
- Mostrar que somos felices.
- Sembrar esperanza. Rom. 8: 24. Que Él no rechaza a nadie. Juan 6: 37.

4. **CORTESÍA O.E. 127 *3**

- Saludar con amabilidad a todos. O.E. 202. *4
- Dar la bienvenida a las visitas que vienen por primera vez a las reuniones.
- Ser circunspecto (prudente), y educado.
- Respetar las ideas ajenas, aprender a escuchar.
- No forzar las conciencias, dar oportunidad de elegir.
- Ser tolerante, benigno y perdonador. Efe. 4: 32.
- Tener compasión y ternura. La gente se siente sola y necesita sentir calor humano.

5. **FERVOR**

- Hacer apetecer la Salvación, excitar el deseo de obtener las bendiciones presentándolas en términos atractivos D.T.G. 766, 767 *5
- Destacar con entusiasmo las ventajas de la fe y obediencia en cada punto. O.E. 151. *6
- Elévense ardorosas oraciones.

*1 "El ministro de Dios debe poseer humildad en un grado eminente. Aquellos que tienen la experiencia más profunda de las cosas de Dios son los que más se alejan del orgullo y ensalzamiento propio. Por tener un alto concepto de la gloria de Dios, comprenden que el lugar más humilde en su servicio es demasiado honorable para ellos." (O.E. 150).

*2 "Por lo tanto tratemos a cada hombre como sincero. No digamos ninguna palabra ni realicemos acción alguna que hubiere de confirmar a alguno en la incredulidad."

"Llevad adelante la obra de Dios con firmeza y fortaleza, pero con la mansedumbre de Cristo, y con tanta calma como sea posible. No se oiga ninguna jactancia humana. No se deje ver ninguna señal de insuficiencia propia. Déjese ver que Dios nos ha llamado a manejar cometidos sagrados; prediquemos la palabra, seamos diligentes, sinceros y fervientes."· (O.E. 387).

*3 "Aquellos que trabajan para Cristo han de ser íntegros y fidedignos, firmes como una roca en sus principios, y al mismo tiempo bondadosos y corteses. La cortesía es una de las gracias del Espíritu. El tratar con las mentes humanas es la mayor obra jamás confiada al hombre; y el que quiera obtener acceso a los corazones debe acatar la recomendación: `Sed...compasivos, corteses.´ El amor hará lo que no logrará la discusión. Pero un momento de petulancia, una sola respuesta abrupta, una falta de cortesía cristiana en algún asunto sin importancia, puede dar por resultado la pérdida tanto de amigos como de influencia.

*4 El obrero cristiano debe esforzarse por ser lo que Cristo era cuando vivía en esta tierra. El es nuestro ejemplo, no sólo en su pureza sin mancha, sino también en su paciencia, amabilidad y disposición servicial. Su vida es una ilustración de la cortesía verdadera. El tenía siempre una mirada bondadosa y una palabra de consuelo para los menesterosos y oprimidos." (O.E. 127).

"Mucho depende de la manera en que tratéis a aquellos a quienes visitáis. Al saludar a una persona, podéis estrecharle la mano de tal manera que ganéis su confianza en seguida, o de una manera tan fría que ella piense que os es indiferente." (O.E. 202).

*5 "En Cristo está la ternura del pastor, el afecto del padre y la incomparable gracia del Salvador compasivo. El presenta sus bendiciones en los términos más seductores. No se conforma con anunciar simplemente estas bendiciones; las ofrece de la manera más atrayente, para excitar el deseo de poseerlas. Así han de presentar sus siervos las riquezas de la gloria del don inefable. El maravilloso amor de Cristo enternecerá y subyugará los corazones cuando la simple exposición de las doctrinas no lograría nada." (D.T.G. 766, 767).

*6 "Hay necesidad de mayor fervor. Hemos de ser cristianos alertas, enérgicos, fervientes, llenos de un deseo de dar la verdad a otros. La gente necesita oír las buenas nuevas de la salvación por la fe en Cristo, y por esfuerzos fervientes y fieles se les ha de dar el mensaje. Se ha de buscar a las almas, orar y trabajar por ellas. Deben hacerse fervientes llamados, y elevarse ardientes oraciones. Nuestras oraciones tibias y sin vida deben ser cambiadas en oraciones de intenso fervor." (O.E. 151).

5. DIEZ MANERAS DE CERRAR LA MENTE Y EL CORAZÓN

Errores a evitar:

1. **Discutir con los interesados.**

    "El espíritu de debate, de controversia, es un medio que Satanás usa para despertar el espíritu combativo y así eclipsar la verdad tal como es en Jesús. Muchos, de esta manera, han sido rechazados en lugar de ganados para Cristo." (Ev. 123).

2. **Responder impacientemente a las objeciones,** cuando hablan demasiado o no comprenden enseguida.

3. **Hablar mal de su iglesia.**

    a) Del papa, sacerdote, si son católicos, pastor, etc.

4. **Adelantarse a un orden sistemático** y presentar al comienzo de los estudios: el sábado, la reforma pro salud, el diezmo, etc.

5. **Utilizar términos denominacionales que la gente no entiende:** Reforma pro Salud, Espíritu de Profecía, Triple Mensaje Angélico, etc.

6. **Hacer preguntas indiscretas de índole personal.** ¿Esta casa es suya?, ¿Cuánto gana Ud.?, etc.

7. **Buscando conveniencias personales, regalos, etc.**

8. **Ser impuntual en los horarios de llegada, permanecer horas en una casa.**

9. **Descuidar la higiene y la apariencia personal**, ropa sucia o arrugada, etc.

10. **Avergonzar a los interesados** haciéndoles leer textos en voz alta, si no tienen práctica, si no conocen la ubicación de los libros, o pidiendo que oren, si no saben hacerlo, haciendo alarde de nuestros conocimientos para destacar su ignorancia.

6. QUÉ HACER CON LA TIMIDEZ. "JOSUÉ 1:9".

a) No es nuestra la guerra, sino de Dios. 2 Crónicas 20: 15.

b) El promete su ayuda. Isa. 41: 10-13.

c) Pondrá sus palabras en vuestra boca. Isa. 51: 12-16.

d) Los cobardes o temerosos que no confían en el Señor, corren un gran riesgo. Apoc. 21: 28.

e) Confiemos en el Señor. Isa. 26: 4.

VI. LA NECESIDAD DE USAR MÉTODOS

1. DEBEN IDEARSE FORMAS Y MEDIOS EFICACES PARA TRANSMITIR LA VERDAD

"La iglesia de Cristo sobre la tierra fue organizada, con propósitos misioneros, y el Señor desea ver a la iglesia entera ideando formas y medios por los cuales los encumbrados y los humildes, los ricos y los pobres, puedan escuchar el mensaje. " (S.C. 92).

2. HABRÁ RESULTADOS

"Cuando en nuestra obra por Dios decidimos seguir con energía los métodos correctos, el resultado será una cosecha de almas."(Ev. 242, 243).

"Cuando más cerca sigamos el trabajo misionero esbozado en el plan del Nuevo Testamento, mayores serán los resultados." (Test. III. 210).

3. OTRAS IGLESIAS HAN DESARROLLADO MÉTODOS MÁS EFICIENTES

"Se me ha mostrado que en nuestra labor para iluminar a las personas que viven en las grandes ciudades la obra no ha sido tan bien organizada o los métodos no han sido tan efectivos como los de otras iglesias que no tienen la gran luz que nosotros consideramos tan especial." (E.E.N.T. II).

4. FORMAS VARIADAS

"Debéis variar vuestras labores, y no tener una sola forma que pensáis que debe ser seguida en todas las ocasiones y en todos los lugares." (Ev. 97).

"No olvidemos que deben emplearse métodos diferentes para salvar a personas que son distintas." (Ev. 82).

5. ADAPTADAS A LA GENTE

"Cristo atraía hacia sí los corazones de sus oyentes por la manifestación de su amor, y luego, poco a poco, a medida que iban siendo capaces de comprenderlas, desplegaba ante ellos las grandes verdades del reino. También nosotros debemos aprender a adaptar nuestras labores a la condición de la gente: a encontrar a los hombres donde están." (Ev. 354).

6. NUEVOS MÉTODOS

"Deben introducirse nuevos métodos. El pueblo de Dios debe despertar a las necesidades del tiempo en que vivimos. Dios tiene hombres a quienes llamará a su servicio -hombres que no llevarán a cabo la obra en la forma sin vida como se ha realizado en el pasado..." (Ev. 56).

"Se concebirán nuevos medios para alcanzar los corazones. En esta obra se utilizarán algunos métodos que serán diferentes de los empleados en el pasado, pero ninguna persona, a causa de esto, bloquee el camino mediante la crítica." (Ev. 81).

7. NUEVA VIDA EN MÉTODOS ANTIGUOS

"Se necesitan hombres que oren a Dios pidiendo sabiduría, y que, bajo la dirección de Dios, puedan infundir nueva vida en los antiguos métodos de trabajo y que puedan inventar nuevos planes y nuevos métodos para despertar el interés de los miembros de la iglesia y para alcanzar a los hombres y mujeres de este mundo." (Ev. 81,82).

8. DEJEMOS OBRAR AL SEÑOR

"Dios utilizará formas y medios por los cuales se verá que él está tomando las riendas en sus propias manos. Los obreros se sorprenderán por los medios sencillos que él utilizará para realizar y perfeccionar su obra de justicia. Los que son considerados buenos obreros necesitarán acercarse a Dios, necesitarán el toque divino. Necesitarán beber más profunda y continuamente en la fuente de agua viva, para poder discernir la obra de Dios en todo punto." (T.M. 305).

9. LOS QUE VISITAN LAS IGLESIAS DEBEN ENSEÑAR

"Es educación, preparación, lo que se necesita. Los que trabajan en visitar las iglesias deben dar a los hermanos y hermanas instrucción en los métodos prácticos de realizar obra misionera." (S.C. 74).

VII. LOS MÉTODOS DE JESÚS

1. NECESITAMOS IMITAR A JESÚS

"Si alguna vez ha sido esencial que entendamos y sigamos los métodos correctos de enseñanza e imitemos el ejemplo de Cristo, es ahora." (Ev. 44).

2. TRABAJABA EN CIUDADES Y PUEBLOS

"En la narración evangélica encontramos el relato de como trabajaba por todas las clases, y de como mientras trabajaba en las ciudades y los pueblos, millares eran atraídos a su lado para escuchar su enseñanza. Las palabras del Maestro eran claras y distintas, y eran pronunciadas con simpatía y ternura. Llevaban consigo la seguridad de que eran la verdad. Era la sencillez y el fervor con que Cristo trabajaba y hablaba, lo que atraía a tantas personas a él..

El gran Maestro trazaba planes para su obra. Estudiad estos planes. Lo encontramos viajando de un lugar a otro, seguido por multitudes de ansiosos oyentes. Cuando podía, los conducía fuera de las ciudades atestadas a la quietud del campo. Allí oraba con ellos y les hablaba las verdades eternas." (Ev. 44).

- Sus palabras claras y distintas.
- Pronunciadas con simpatía y ternura.
- Hablaba con seguridad.
- La sencillez y fervor atraía.
- Trazaba planes.
- Llevaba al campo a sus oyentes.
- Oraba con la gente.

3. PREDICABA EN TODO LUGAR

"Predicaba en las sinagogas porque así podía llegar hasta las muchedumbres que se reunían en ellas. Luego salía y predicaba junto al mar y en las grandes vías por donde viajaba la gente. Las verdades preciosas que él tenia que proclamar no debían limitarse únicamente a las sinagogas...

Cristo podía ocupar el lugar más encumbrado entre los maestros más destacados de la nación judía. Pero él prefirió llevar el Evangelio a los pobres. Fue de un lugar a otro a fin de que los que estaban en los caminos y en los vallados pudieran oír el Evangelio de la verdad. Trabajó en la forma en que desea que trabajen sus obreros de la actualidad. Junto al mar, en la ladera de la montaña y en las calles de la ciudad, se oía su voz que explicaba las Escrituras." (Ev. 44).

4. A TODAS LAS CLASES

"Mientras atendía al pobre, Jesús buscaba el modo de interesar también al rico. Buscaba el trato con el acaudalado y culto fariseo, con el judío de noble estirpe y con el gobernante romano. Aceptaba las invitaciones de unos y otros, asistía a sus banquetes, se familiarizaba con sus intereses y ocupaciones para abrirse camino a sus corazones y darles a conocer las riquezas imperecederas." (M.C. 15).

5. POR MEDIO DE LA SALUD

"En el curso de su ministerio, dedicó Jesús más tiempo a la curación de los enfermos que a la predicación."

"El Salvador aprovechaba cada curación que hacía para sentar principios divinos en la mente y en el alma. Tal era el objeto de su obra. Prodigaba bendiciones terrenales para inclinar los corazones de los hombres a recibir el Evangelio de su gracia." (M.C.12, 13).

6. ASISTÍA A LAS GRANDES FIESTAS DE LA NACIÓN

"Asistía a las grandes fiestas de la nación, y a la multitud absorta en las ceremonias externas hablaba de las cosas del cielo y ponía la eternidad a su alcance." (M.C. 14).

7. SE IDENTIFICABA CON LOS INTERESES DE SUS OYENTES

"El Príncipe de los maestros procuraba llegar al pueblo por medio de las cosas que le resultaban más familiares. Presentaba la verdad de un modo que la dejaba para siempre entretejida con los más santos recuerdos y simpatías de sus oyentes. Enseñaba de tal manera que les hacía sentir cuán completamente se identificaba con los intereses y la felicidad de ellos. Tan directa era su enseñanza, tan adecuadas sus ilustraciones y sus palabras tan impregnadas de simpatía y alegría, que sus oyentes se quedaban embelesados. La sencillez y el fervor con que se dirigía a los necesitados santificaban cada una de sus palabras.

¡Qué vida atareada era la suya! Día tras día se le podía ver entrando en las humildes viviendas de los menesterosos y afligidos para dar esperanza al abatido y paz al angustiado. Henchido de misericordia, ternura y compasión, levantaba al agobiado y consolaba al afligido. Por doquiera iba, llevaba la bendición" (M.C. 14, 15).

8. OBSERVABA LOS ROSTROS PARA VER SI LA VERDAD LLEGABA AL CORAZÓN

"Observaba los rostros de sus oyentes, notaba la mirada rápida y comprensiva que revelaba que la verdad había llegado al alma, y en su corazón vibraba en respuesta una cuerda de gozo afín." (Ev.45).

9. NO PRESENTABA MUCHAS COSAS A LA VEZ

Claridad - Lógica - Repetición.

"En sus discursos Cristo no presentaba delante de ellos muchas cosas a la vez, no fuera que su mente se confundiese. Hizo que cada punto fuera claro y distinto. No desdeñaba la repetición de las verdades viejas y familiares que están en las profecías si servían para sus propósitos de inculcar ideas." (Ev. 46).

10. ILUSTRABA SUS MENSAJES

"Mediante la imaginación, llegaba al corazón. Sacaba sus ilustraciones de la vida diaria, y aunque eran sencillas, tenían una admirable profundidad de significado. Las aves del cielo, los lirios del campo, la semilla, el pastor y las ovejas, eran objetos con los cuales Cristo ilustraba la verdad inmortal; y desde entonces, siempre que sus oyentes veían estas cosas de la naturaleza, recordaban sus palabras. Las ilustraciones de Cristo repetían constantemente sus lecciones." (D.T.G. 219).

11. NO SERMONEABA, ENSEÑABA

"En sus enseñanzas, Cristo no sermoneaba como lo hacen los ministros actuales. Su obra consistía en edificar el armazón de la verdad. Juntó las preciosas joyas de las cuales se había apropiado el enemigo colocándolas en el armazón del error. El las reencastró en la trama de la verdad, para que todos los que recibieran la palabra pudieran ser enriquecidos por este medio." (Ev. 46).

12. RESTRINGÍA LA VERDAD

"El gran Maestro tenía en sus manos todo el mapa de la verdad, pero no lo descubría enteramente a sus discípulos. Les abría únicamente aquellos temas que eran esenciales para su progreso en la senda del cielo. Había muchas cosas con respecto a las cuales su sabiduría le hizo guardar silencio.-" (Ev. 47).

13. ENVIÓ A LOS DISCÍPULOS DE DOS EN DOS

"Cristo envió a sus discípulos de dos en dos, a los lugares donde él iría posteriormente." (Ev. 47).

14. PRACTICABA ENTREVISTAS PERSONALES

"La obra de Cristo se componía mayormente de entrevistas personales. El manifestaba una fiel consideración hacia el auditorio de una sola alma; y esa única alma ha llevado a millares a la comprensión recibida." (Ev. 325).

15. USABA DIVERSOS MÉTODOS

"De los métodos de trabajo de Cristo, podemos aprender muchas lecciones valiosas. El no siguió un solo método; de diversas maneras trató captar la atención de las multitudes; y entonces les proclamó las verdades del Evangelio." (Ev. 94, 95).

16. SE INTERESÓ POR LAS MADRES Y LOS NIÑOS

"Tomó a los niños en sus brazos, puso las manos sobre ellos y les dio la bendición que habían venido a buscar. Las madres quedaron consoladas. Volvieron a sus casas fortalecidas y bendecidas por las palabras de Cristo. Quedaron animadas para reasumir sus cargas con nueva alegría, y para trabajar con esperanza por sus hijos." (D.T.G. 472, 473).

17. EVITÓ TODA DISCUSIÓN

"Deseando evitar toda ocasión de mala comprensión o disensión, cesó tranquilamente de trabajar y se retiró a Galilea. Nosotros también, aunque leales a la verdad, debemos tratar de evitar todo lo que pueda conducir a la discordia o incomprensión." (D.T.G. 153).

18. SOLO EL MÉTODO DE JESÚS DARÁ ÉXITO

"Sólo el método de Cristo será el que dará éxito para llegar a la gente. El Salvador trataba con los hombres como quien deseaba hacerles bien. Les mostraba simpatía, atendía a sus necesidades y se ganaba su confianza. Entonces les decía: "Seguidme."

Es necesario acercarse a la gente por medio del esfuerzo personal." (M.C. 102).

a) Suplió las necesidades temporales para ganar su confianza a través de:

- La pesca milagrosa. Luc. 5:5-6, 11.
- El milagro en la boda de Caná.
- La alimentación de los 5.000.
- Sus milagros con los enfermos.

b) Tomaba contacto a través de preguntas benefactoras.

- Hacia Emaús. Luc. 24: 17.

¿Por qué estáis tristes?

c) Mostró simpatía y confianza a través de reconocimientos sinceros.

- Natanael: "He aquí un verdadero Israelita, en quien no hay engaño." Juan 1:47.

- La respuesta fue: "Tú eres el Hijo de Dios, tú eres el rey de Israel." Juan 1:49.

d) Tuvo confianza en Zaqueo.

"...hoy es necesario que pose yo en tu casa." Luc. 19:5.

- Todos murmuraban, pues era despreciado.

- Le recibió gozoso. vers. 6-10.

19. UNA ENTREVISTA EJEMPLAR

Jesús y la Samaritana. Juan 4.: 5-26.

a) Contacto: vers. 7

Jesús le pidió un favor, comenzó un diálogo con algo relacionado a lo que estaba haciendo en ese momento.

b) Introducción o motivación: vers. 10.

Despertó la curiosidad: "Si conocieras el don de Dios...

- quien te dice...

- pedirías agua viva...

c) Ante la provocación no entró en discusión: vers. 9.

d) Frases benefactoras: vers. 13 y 14. Hacen desear.

e) Quebró prejuicios: vers. 20 y 21. Quebró las barreras del prejuicio nacionalista.

f) No la condena como prostituta. Sólo le hace ver su pecado sabiamente: vers. 16 -18.

g) La instruye en forma de diálogo: vers. 21-26.

h) Antepuso el amor a las almas, a todos los intereses personales: vers. 31-34.

i) Aunque iba de paso, permaneció dos días confirmando la siembra.

20. EL MUNDO NECESITA UNA REVELACIÓN DE CRISTO

"El mundo necesita hoy lo que necesitaba mil novecientos años atrás, esto es, una revelación de Cristo. Se requiere una gran obra de reforma y sólo mediante la gracia de Cristo podrá realizarse esa obra de restauración física, mental y espiritual" (M.C. 102).

VIII. EL MÉTODO DE UNA ENTREVISTA

Para que una entrevista tenga el éxito deseado, se sugiere considerar los diversos pasos aconsejados.

Esto puede usarse para el colportaje, una visita, un estudio bíblico u otro motivo que nos lleve a un hogar.

1. ACERCAMIENTO

a) Orar al Señor para que sean abiertos los corazones.

b) Acercarse con pasos decididos.

c) Comportamiento correcto ante la puerta, no reir o jugar con el compañero.

d) Llame sensatamente de acuerdo a la costumbre.

e) Después de golpear la puerta, hacer 2 pasos hacia atrás para dar un paso hacia adelante cuando se abre la puerta, extendiendo la mano.

2. SALUDO Y ENTRADA

a) Con simpatía espontánea.

b) Dar la mano con carácter y afecto.

c) Mencione su nombre.

d) Si es la primera vez, dígale que ha venido para hacerle una visita y explicarle algo interesante.

e) Para conseguir la entrada, diga que ha venido a hacer una visita de cortesía "a su casa".

f) Mire o señale la puerta.

g) Aguarde un momento esperando la reacción.

3. CONTACTO

a) A veces basta una sonrisa espontánea en el apretón de manos.

b) Interesarse por algo que se destaque:

- En el jardín, un árbol, planta, flor.
- Una obra de arte en el living.
- Un instrumento de música.

c) Hacer preguntas discretas. Para hacerlo hablar sobre alguna cosa del área de su interés.

- Lo que la persona estaba haciendo en ese momento es lo que más le interesa.
- A la samaritana le interesaba el agua y Jesús la buscó allí.

d) Expresar un elogio sincero, no adulación.

e) Tener confianza: confianza genera confianza, amor genera amor.

f) Mirar a los ojos a la persona.

g) Dar atención a los niños.

h) Prestar algún servicio práctico, consejo de salud, o satisfacer alguna necesidad latente.

4. INTRODUCCIÓN

a) En algún punto del contacto, se construye un puente o enlace hacia la introducción.

b) Usar frases intrigantes despertando el interés y la curiosidad para el tema, o asunto a considerar en la entrevista.

c) Usar frases alarmantes o que despiertan. No confundir con sensacionalismo.

Ejemplos: dependiendo del asunto a tratar.

- La conmoción social y los peligros que enfrenta nuestra juventud, amenaza a nuestros hijos y...
- ¡El mundo se ha convertido en un gran hospital!
- ¡Hay millones que se quitan la vida porque no encontraron el camino de la paz interior!

d) Frases benefactoras.

Hacer vislumbrar algún beneficio a obtener.

Ejemplo: Si tratamos Daniel 2.

"Usted tendrá al fin del estudio un cuadro panorámico sobre la historia del mundo."

La introducción debe ser breve y concisa.

e) Estudiaremos más detalles en el capítulo XI.

5. PRESENTACIÓN

a) Esta es la parte principal, donde exponemos el motivo de la entrevista.

Sea esta

- Una encuesta: las preguntas.
- Motivación para conseguir un estudio.
- Visita: conocer su opinión sobre un ciclo de conferencias.
- Un estudio bíblico: Desarrollo del tema.
- Colportaje: Presentación del libro.

b) Debe estar basado sobre una exposición lógica: orden lógico. ¿Qué? ¿Por qué? ¿Cómo? ¿Cuáles serán los resultados?

- Los subtítulos debieran responder a estas preguntas.
- El asunto que presentamos debe ser expuesto claramente.

c) Debe comenzar con el argumento más claro, el texto más contundente, la idea más concreta.

d) Debe llevar al oyente a una decisión.

6. DECISIÓN, CIERRE O CONCLUSIÓN

a) Si se trata de una visita simplemente agradecer la atención y tratar que quede la puerta abierta.

b) Si es un tema, o un estudio bíblico, la exhortación debe estimular una decisión.

c) Resumir brevemente en una frase todo lo expuesto.

d) Un apelo al corazón.

e) Pedir la opinión.

f) Hacer una pregunta sobre un asunto clave.

g) Si se trata de colportaje, concretar la venta.

IX. DIVERSOS MÉTODOS DE TOMAR CONTACTOS

Detallamos doce métodos diferentes de tomar contactos. En todas partes hay almas sedientas del mensaje y debemos acercarnos a ellas. Sin duda encontrará cada hermano y cada hermana algún método que se adapte a las circunstancias. A veces es conveniente probar en una iglesia un tiempo con un sistema para luego variar. Pueden aplicarse diversos métodos simultáneamente.

1. LOS CONTACTOS PERSONALES ESPONTÁNEOS

Cada creyente tiene muchas oportunidades de testificar. Este es un cometido ineludible para todos. Diariamente podemos aplicar este sistema con:

a) Proveedores. b) Clientes. c) Vecinos. d) Colegas. e) Amigos. f) Familias. g) Personas que nos acompañan en los viajes.

Los contactos pueden realizarse por conversaciones sobre:

- Señales de los tiempos.
- Salud.
- Necesidades familiares.
- Necesidades espirituales.
- Preguntas que despiertan interés.
- Debe hacerse con dos propósitos:
- Sembrar
- Ofrecer Curso Bíblico.

2. COLPORTAJE EFECTIVO U OCASIONAL

a) Es un excelente método de tomar contactos.

"Debidamente desempeñada, la obra del colportor es una obra misionera del más elevado carácter, y para presentar a las gentes las verdades importantes para nuestros tiempos no se puede emplear método mejor y más afortunado." (Colp. Ev. 16).

"Si hay una obra más importante que otra, es la de presentar al público nuestras publicaciones, induciéndolo así a escudriñar las Escrituras.

Cuando los miembros de la iglesia se den cuenta de la importancia de la circulación de nuestras publicaciones, dedicarán más tiempo a esta obra. Las revistas, los folletos y los libros serán colocados en los hogares de la gente, para predicar el Evangelio en sus diversos aspectos... La iglesia debe dar atención a la obra del colportaje. Esta es una de las formas en que debe brillar en el mundo. Entonces será `hermosa como la luna, esclarecida como el sol, imponente como ejércitos en orden´." (Colp. Ev. 17).

b) Los testigos mudos, continuarán su obra en los hogares.

"Nuestras publicaciones están sembrando ahora la simiente evangélica, y son instrumentos para llevar a Cristo tantas almas como la palabra predicada. Iglesias enteras han sido levantadas como resultado de su circulación." (Colp. Ev. 208).

c) SIETE CONSEJOS PRÁCTICOS SOBRE LA MANERA DE PRESENTAR NUESTROS LIBROS Y REVISTAS.

1) Lea el material a ofrecer y anote los puntos de venta o sea, los argumentos que pueden interesar a la gente. Siempre tiene que ser algo que satisfaga alguna necesidad del cliente.

2) Busque algunas frases intrigantes y alarmantes para la introducción.

3) Si se trata de un libro, destaque el papel, la encuadernación, el número de las páginas, las láminas, la cantidad de enfermedades que cura, consejos que da, etc.

4) Escriba la presentación sistemática del libro o la revista. Piense el efecto psicológico de cada argumento. Anote qué ilustraciones conviene destacar. Después de pulir todo, apréndalo de memoria, ciertos argumentos dependerán del tipo de cliente que entrevistamos. No presente todos los argumentos que tenga. Guarde algunos de reserva. Si el cliente titubea después que Ud. mencionó el precio, puede usarlos.

5) Preséntese en el orden mencionado bajo "Entrevistas".

Esos son los pasos necesarios: Acercamiento, Saludo y Entrada, Contacto, Introducción, Presentación y Cierre.

Los puntos de reserva pueden utilizarse para reforzar el cierre y no olvide que LA ORACIÓN es el elemento principal.

6) Hable con convicción y entusiasmo.

- Tenga fe que le comprarán.
- No lo haga por el dinero, sino por sembrar la Palabra y tomar contactos.
- Diga el precio recién después que explicó el libro o la revista.
- Puede empequeñecer el precio diciendo: No cuesta $ 500, sino solo $ 300, por ejemplo. O destaque la utilidad y ahorro que puede dar.

7) Cuando Ud. nota que el interés está en su punto máximo, haga el cierre. Diga simplemente: Deseo dejarle este ejemplar, pues le será de gran utilidad. Cuesta solamente $ ..... Use algún otro argumento de venta, o muéstrele el índice y entrégueselo.

Si hay dos tipos de encuadernación puede preguntar: ¿Cuál de las dos clases prefiere?, o si es una venta con plazo de entrega: ¿Qué día prefiere?, ¿El día 30 o el 5?. Así Ud. no da a elegir entre comprar o no comprar, sino entre una opción u otra. Son pequeñas cosas que ayudan a los indecisos.

De gran utilidad para el colportor efectivo u ocasional es el libro "El Colportor Evangélico" ¡Estúdielo!

3. ENCUESTAS

Este método es muy efectivo para tomar contactos. Ha dado resultados positivos en diversos países, incluso en lugares muy duros para el Evangelio.

a) Encuesta sobre la vida religiosa.

   Es un modo directo, pero a su vez discreto. Averiguamos las inquietudes religiosas de la gente, con pequeños cambios puede ser utilizada en cualquier país y tiene por objetivo principal, encontrar personas interesadas en conocer la Biblia. ¡Ver quién tiene sed de Dios!.

   Para evitar el prejuicio, especialmente de los evangélicos, puede usarse si se desea, la primera parte de nuestro nombre: "Sociedad Misionera Internacional".

   (Ver encuestas en la página siguiente).

b) Finalidad de las encuestas.

   1. Saber que piensa la gente en general para así enfocar convenientemente temas de interés en conferencias, artículos, etc. de acuerdo a las necesidades.

   2. Tomar contacto con las personas.

   3. Encontrar las almas hambrientas y sedientas del mensaje.

   4. Despertar inquietudes a través de las preguntas.

   5. Darnos a conocer.

   6. Conseguir interesados para estudios bíblicos. <u>Este debe ser nuestro principal objetivo.</u>

   7. Encontrar amigos, conociendo las inquietudes de la gente.

   8. Tener un medio para comenzar una entrevista, sin necesidad de vender algo, para así poder realizarlo también en Sábado.

   9. Estar orientados concretamente sobre la forma de pensar de aquellas personas que aceptan estudios bíblicos o que se les visite, y así poder enfocar la conversación y enseñanza de acuerdo a su interés, sin herir u ofender su manera de pensar.

   10. Tener un medio para que trabajen los miembros de la iglesia en la búsqueda de almas y desarrollen así mejor sus talentos.

c) Material necesario para efectuar las encuestas.

   1. Una carpeta firme o una tablilla de madera, aluminio o cartón duro, preferiblemente con pinza prensa papeles como apoyo para escribir.

2. Las lecciones más atractivas del curso bíblico, con el objeto de interesar a los entrevistados para que se matriculen en dicho curso.

3. Volantes o tratados para quienes no acepten el curso.

4. La Biblia; no para dar estudios bíblicos. Estos deben fijarse para fechas posteriores. La finalidad de llevar la Biblia consiste en presentar algunos textos de consuelo o profecías interesantes con el fin de lograr la decisión del interesado en inscribirse en el curso. Se prefiere una Biblia de bolsillo para no despertar prejuicios.

d) Cómo efectuar la entrevista:

- Representar a Cristo, como sus embajadores, en nuestra conducta, influencia y manera correcta y ordenada de vestir.

- Tocar la puerta o el timbre con delicadeza y sensatez.

- Saludar cortésmente y dar un cálido apretón de manos y pronunciar nuestro nombre.

- Identificarnos como representantes de nuestra organización; señalar el objeto específico de nuestra visita, haciendo notar la brevedad de la misma.

e) Ejemplos de entrevistas.

Al abrir la puerta la persona que nos atiende, nos acercamos unos pasos, y con una sonrisa a flor de labios, le extendemos la mano saludándole amablemente. Un apretón de manos dado con carácter y simpatía, abre el corazón.

- ¿El señor García? o ¿El dueño de casa? o dueña?.

Extendiéndole la mano: • José González, su servidor.

Hemos venido a visitarlo para conocer su opinión sobre un tema muy importante. Le quitaré solamente algunos minutos. Con su permiso...

Somos representantes de la Sociedad Misionera Internacional, estamos efectuando una encuesta en diversos países y hemos venido a visitarlo a Ud. pues deseamos saber qué opina, al igual que sus vecinos, acerca de Dios o la religión.

Comenzamos a formular las preguntas de la encuesta marcando con una X la respuesta en el casillero correspondiente.

Si la persona desconfía aún podemos explicar lo siguiente:

- Ud. sabe que el materialismo está dominando nuestra sociedad. En muchos colegios se les enseña a los estudiantes teorías que niegan la existencia de Dios. Por otro lado hay importantes movimientos religiosos y deseamos establecer cuántas personas creen y practican la religión. A Ud. mismo, seguramente le interesará conocer los resultados de esta encuesta pública ¿verdad?. ¿Estaría dispuesto a ayudarnos expresando su opinión con relación a unas pocas preguntas? -

Otra manera puede ser:

- Buenos días señor.... soy, o somos. El es.... (nombre del compañero). Estamos haciendo una encuesta para ayudar a determinar la opinión religiosa de la gente de.... (barrio, ciudad, país) y así poder dar una orientación a aquellos que están buscando una fe... ¿Estaría dispuesto a ayudarnos expresando su opinión con respecto a religión, contestando algunas preguntas?.

Al finalizar la encuesta es conveniente averiguar el nombre del siguiente vecino.

Si la persona contesta en forma negativa podemos decir: "Hemos venido quizás a una hora inoportuna, sería mejor que regresemos otro día". Si vuelven a contestar en forma negativa, se le entregará el material impreso, se sonreirá, agradeciendo la atención y se seguirá adelante.

- <u>¡Muy importante!:</u> Ud. pertenece a un equipo compuesto por 6 u 8 hermanos. Entregue las encuestas a su jefe de equipo y reclame la tarjeta de interesados de aquellos que aceptaron las visitas o estudios.

f) Doce consejos útiles.

1. Al formular las preguntas, cuidar de no hacer comentarios de las respuestas que dé el entrevistado.

2. No permitir que la persona lea el cuestionario.

3. Hasta donde sea posible, debiera hacerse la visita en pareja. En lugares públicos con un grupo de personas, los equipos debieran dividirse y obrar individualmente.

4. De haber en un hogar más de una persona, entrevistar a cada una individualmente.

5. Considerar las horas más oportunas para la visita.

6. Al realizar el cuestionario debe mantenerse la neutralidad. No expresar ninguna aprobación o desaprobación de las respuestas, ni discutirlas.

7. No pedir el nombre por adelantado; ello sólo es necesario si la persona muestra interés genuino.

8. Si al efectuar la cuarta pregunta la persona manifiesta no creer en Dios, está casi por demás continuar con las siguientes. Iniciemos entonces un pequeño diálogo con el fin de enterarnos de si es un ateo real o profeso.

Motivación para conseguir interesados en estudios bíblicos

Pregunta 11 de la encuesta: ¿Ha oído hablar acerca del cumplimiento de las profecías bíblicas?

Esperar respuesta.

Puente introductorio:

A mí me han impresionado profundamente las profecías bíblicas, especialmente las del libro de Daniel y del Apocalipsis. Son muy interesantes. La Biblia tiene unas 2300 profecías que revelan el pasado, el presente y el futuro con sorprendente exactitud.

- Por ejemplo, hay una profecía escrita hace 2600 años que muestra en 3 palabras que Hitler tenía que perder la guerra. En esa profecía de Daniel hay un panorama de la historia de 26 siglos. (Se puede ir mostrando las láminas contenidas en una carpeta mientras se va motivando).

- La situación actual estaba predicha: Las crisis sociales, y económicas, la violencia, y corrupción y contaminación. Lo que vivimos hoy.

- Hay interesantes anticipaciones científicas en La Biblia. Sobre la tierra, el espacio, el ciclo hidrológico. etc. Ya se menciona el automóvil, el avión y la pólvora, y muchos conceptos contrarios a la época. Por ejemplo habla de las enfermedades psicosomáticas y las consecuencias del estrés.

- Muy interesantes son las 333 profecías sobre Jesús, escritas muchos siglos antes que naciera.

Además: Da valiosos consejos para la familia: Da valiosos consejos a los jóvenes, claves para la felicidad matrimonial y una valiosa orientación sobre la educación de los hijos en un tiempo tan difícil como hoy! He visto los buenos resultados en mi propio hogar (o en muchas familias).

- Nos ayuda en todos los estados de ánimo. A veces uno se siente triste, deprimido, solo o desanimado. La Biblia nos anima, consuela, fortalece y ayuda a vivir! Sus promesas son edificantes. A mí me ha ayudado mucho

- La Biblia responde las grandes preguntas que se formula el hombre: De dónde venimos, adónde vamos, que es la vida, que es la muerte, que existe más allá.

- Nos presenta un amigo que siempre nos comprende y nos ama: Jesús, quién desea llenar el vacío de nuestra alma, darnos verdadera paz interior y hacernos felices.

- Pero, la Biblia tiene algunas cosas que cuesta un poco entenderlas. Se necesita ayuda.

- Por eso se ha preparado un pequeño curso (si es una persona mayor: una serie de temas) que trata los temas más importantes donde la Biblia es explicada con la Biblia y comparada con la historia. Esta preparado para personas que disponen de poco tiempo.

Mostrar los títulos de los temas:

¿Le gustaría conocer estos temas interesantes?

(Esperar respuesta)

Hay dos métodos: uno donde usted mismo estudia y lee, y el otro el más efectivo que consiste en que alguien le explique los temas con ayuda de una serie de ilustraciones. Así si surge alguna pregunta usted tiene la oportunidad de recibir respuesta directa. Es algo muy lindo.

¿Cuál de los dos métodos preferiría usted?

Para otras circunstancias puede comenzarse de cualquiera de las diversas motivaciones que se presten mejor según las circunstancias y la conversación mantenida. Las restantes son de refuerzo.

Puede combinarse con el testimonio personal.

1. Para reforzar la última pregunta, se pueden mostrar los títulos de las lecciones del curso bíblico, haciendo ver que al final, se otorgará un atrayente diploma.

   También puede darse por terminada la encuesta con la motivación sobre la importancia de la Biblia que se hace en la pregunta.

2. Luego se puede decir: Un grupo de personas que han sido beneficiadas por este libro, ha colocado a disposición en forma totalmente gratuita, un curso bíblico completo, que consta de ..... lecciones .... etc ...

   Sin ningún tipo de compromiso.

   Registrar correctamente en las planillas correspondientes, los nombres, la dirección y el resultado de la encuesta.

3. Tener el ánimo para emprender el plan con éxito.

g) Cómo organizar el "plan encuestas".

Mediante este sistema de encuestas se consigue una participación de los miembros laicos en la obra de dar estudios bíblicos, un correcto empleo del tiempo libre y entrar en contacto con los hogares para orientarnos cabalmente acerca de sus tendencias religiosas. Los hermanos responsables pueden fomentar la actividad misionera siguiendo el siguiente plan:

1. Estudiar detenidamente el material con sus instrucciones.

2. Presentar el proyecto al comité de la iglesia juntamente con el mencionado material. En dicha junta, se trataría lo siguiente:

   a) Aprobación del plan que ya es oficial.

   b) Nombramientos de jefes de equipos, coordinadores y ayudantes, entre los más activos, influyentes y capaces. Uno cada seis u ocho miembros.

   c) Concientizar a la iglesia por medio de sermones y llamados los sábados por la mañana.

   d) Designación de las zonas de trabajo para cada equipo. Puede consultarse un mapa de la ciudad o lugar.

   e) Fijación de días y horas para celebrar las reuniones misioneras y de adiestramiento.

   f) Lograr un amplio apoyo de los oficiales de iglesia y jefes de equipo.

3. El día sábado por la mañana debe presentarse un sermón que trate sobre la obra misionera y despierte las conciencias. En la tarde se convoca a una reunión para adiestrar e instruir acerca del manejo y aplicación práctica.

4. En la reunión de oración del miércoles destáquese la importancia de la obra misionera. Órese por el éxito del plan.

5. Participación activa del departamento juvenil. Los jóvenes, si hay número suficiente, forman un equipo bajo la dirección de su director.

6. El segundo sábado, por la tarde, se repasan las instrucciones, se hacen prácticas entre los hermanos y se enseña cómo enfrentar objeciones.

7. Anuncio claro y reiterado sobre el adiestramiento y salidas misioneras. Puede colocarse un cartel con los anuncios a la entrada de la sala de reuniones.

8. Visitar y animar en sus hogares a aquellos miembros menos activos. Puede hacerse necesario realizar un trabajo individual y constante.

9. Una vez lograda la instrucción, se lleva a cabo el trabajo por equipos y por zonas.

10. Relato posterior de las experiencias obtenidas.

11. El jefe de equipo registra en sus correspondientes planillas los nombres de alumnos para el curso bíblico, los datos requeridos y las personas que manifestaron interés.

12. Finalizado el mes, el director de obra misionera recibe las planillas y valora los totales de cada equipo. A su vez él registra en su propia planilla los resultados, y envía su trabajo a la Asociación.

13. Una vez que el director de la obra misionera de la Asociación recibe los informes, los envía al director misionero de la Unión y éste al Departamento de Evangelismo de la Asociación General. ROGAMOS A LOS QUERIDOS HERMANOS SER CONSCIENTES EN ENVIAR LOS INFORMES PUNTUALMENTE.

14. La parte más importante del plan es el registro y control de las personas interesadas en el curso bíblico.

15. En lo posible, si un hermano encuentra un interesado, él mismo debe llevarle todo el material de enseñanza. Si no está en condiciones de darle estudios bíblicos, debe solicitar que alguien más capacitado lo acompañe.

16. Por cada cinco estudios bíblicos que reciba una persona es conveniente que el ministro o colportor acompañe al hermano que los está dando. A través de su influencia, tacto y conocimiento, puede lograr quizás, decisiones positivas en los interesados.

17. El éxito está en la constancia. No permitamos el desánimo; la consigna es: ¡Siempre adelante! Hay que comenzar y continuar; relatar las experiencias, invitar a la iglesia en conjunto y también individualmente. El Señor mismo nos dice con palabras de ánimo: " ¡Cuán hermosos son sobre los montes los pies del que trae alegres nuevas, del que anuncia la paz...”! Is. 52: 7.

h) Otros tipos de encuestas.

Pueden adaptarse preguntas para ocasiones especiales como ser:

- Un gran congreso católico o evangélico.
- Una fiesta o fecha especial como Semana Santa, 1 y 2 de Noviembre, etc.
- Para jóvenes en círculos estudiantiles, etc.

i) Encuestas como preparación para un ciclo de conferencias.

En las entrevistas realizadas en la zona donde se piensa evangelizar, se solicita la opinión sobre diversos títulos de conferencias. El propósito es:

- Saber qué temas interesan más.

- Evaluar la posibilidad de éxito.

- Conseguir los nombres y las direcciones de las personas, a las que se puede invitar con una carta especial cuando comience la campaña.

- Es parte de la propaganda, ya que es un sistema de llamar la atención en forma personal.

4. VISITAS A HOSPITALES Y ASILOS

a) En los horarios permitidos es conveniente visitar los enfermos que no tienen visitas.

- Acérquese con simpatía espontánea.

- Ofrézcale sus servicios si necesita avisar algo.

- A través de algunas preguntas hechas con tacto, puede lograrse un contacto.

- Háblele palabras de esperanza.

- Muéstrele a Jesús, el Gran Médico.

- Dígale que orará por él, y hágalo allí mismo si es adecuado.

b) Es conveniente un breve contacto y regresar los días subsiguientes. Puede crearse una amistad. Las personas son agradecidas si se les demuestra amor en esas circunstancias.

c) Los contactos se continuarán en los hogares cuando han recibido el alta.

d) La presentación de coros, cuartetos, dúos, intercalado con palabras de esperanza, han iluminado muchos corazones. Es una obra que pueden realizar los jóvenes e inclusive los niños, con la dirección de su maestra de la Escuela Sabática.

e) En nuestras instituciones hay oportunidades en que el personal puede hablar de Cristo a los pacientes.

5. VISITAS A CÁRCELES

En muchos lugares se han convertido reclusos a través de la obra de los laicos en las cárceles.

a) Se pide un permiso especial a la dirección de la cárcel.

b) Se programan algunas conferencias matizadas con cantos de coros o conjuntos. También se pueden usar diapositivas.

c) Al cabo de un tiempo se organiza una Escuela Sabática Filial.

6. EVANGELISMO DE GRUPOS

Son pequeñas campañas evangélicas realizadas por los misioneros laicos, y miembros de la iglesia o grupos de jóvenes en casas de familias.

a) Puede organizarse en los hogares de nuestros hermanos o de interesados.

b) Se invitan familias, vecinos y amigos.

c) Es conveniente usar diapositivas cuando se disponga para atraer más y fijar mejor la verdad en las mentes.

d) Puede usarse fechas especiales como Semana Santa, 1 y 2 de Noviembre, etc. Vea más detalles en el capítulo XVIII.

7. CONFERENCIAS PÚBLICAS

Las personas que concurren a nuestros ciclos de conferencias sean éstas sobre Salud, Sociales o Espirituales, deben ser visitadas.

Con algunas preguntas acerca de su opinión sobre nuestro programa, se establecen los contactos.

8. CONFERENCIAS AL AIRE LIBRE

En diversos lugares ha sido un método eficaz para conseguir interesados en el Curso Bíblico.

Puede realizarse del modo siguiente:

a) En algunos lugares es factible la proyección de películas y/o diapositivas sobre un telón o pared blanca, en un baldío o una plaza. Experiencias positivas han sido hechas con películas sobre la Vida de Jesús. Por supuesto, debe disponerse de un equipo de amplificación.

b) La colocación de una mesa con libros en la zona céntrica y con un grupo de jóvenes o laicos dispuesto a dialogar con la gente que se acerca.

c) A través de la música, con la presentación de un coro o conjunto de instrumentos, intercalado con buenos mensajes.

9. OBRA FILANTRÓPICA - RECOLECCIÓN

Solicitando donativos, ya sean en efectivo, materiales de construcción, o ropas (Dorcas), para volver a ayudar a través de la Obra Filantrópica organizada, pueden lograrse importantes contactos misioneros. Los que ayudan, como los que serán ayudados, simpatizarán con nuestra obra.

10. CURSOS DE COCINA, COSTURA, ETC.

La organización de cursos gratuitos de cocina, costura, etc. ha sido un método eficaz que han usado hermanas en diversos lugares. No solamente el servicio prestado causa una impresión favorable, sino los mensajes entretejidos en las clases y el diálogo personal con las participantes pueden dar frutos positivos.

11. EVANGELISMO INFANTIL

"Deben realizarse reuniones para los niños, no meramente para educarlos y entretenerlos, sino para que puedan ser convertidos. Y esto ocurrirá. Si ejercemos fe en Dios, seremos habilitados para enseñarles al Cordero de Dios, que quita los pecados del mundo". (Ev. 423).

Pueden ser organizadas clases especiales para niños, en los hogares de miembros e interesados. Se invita a los niños del vecindario a clases regulares dadas 1 o 2 veces por semana. No solamente serán impresionados esos tiernos corazones con la Palabra de Dios, sino, a menudo son ganados los padres. Pueden ser presentadas las historias bíblicas, combinando con temas adecuados, que deben ser ilustrados lo más posible, mediante láminas, a franelógrafo o pizarra.

12. TRABAJANDO DE CASA EN CASA, BUSCANDO PERSONAS INTERESADAS EN TEMAS BÍBLICOS

Es el método más sencillo y que todos pueden practicar. Es simplemente explicar, que estamos buscando personas que deseen entender la Biblia. Pueden ser distribuidos nuestros volantes simultáneamente, o tarjetas de inscripciones para un curso por correspondencia.

Estas son algunas maneras de tomar contactos. Hay muchas más, sin duda, pero lo más importante es que cada cristiano utilice lo que sea posible aplicar en su ambiente, ahora, "mientras dure el día" para buscar las almas que tengan sed de Dios.

13. CARTELES

Cómo usar estos materiales

LOS CARTELES SOBRE LA BIBLIA

Estos carteles son de carácter neutral, cuyo propósito es motivar a las personas a recibir estudios bíblicos.

Cómo se preparan

Los carteles son impresos a colores en una lona plástica. Como mayormente los diez carteles son impresos en una sola pieza, se recorta cada uno cuidadosamente.

Se fijan en un bastidor de caño cuadrados con cierre de abrojo o hojales de modo que se puedan usar los mismos bastidores para la serie del sábado y para la serie de la Biblia. Existen armazones modernos y livianos, plegables, para exposiciones con un arco de fibra de vidrio, pero considero que han sido diseñados para interiores. El problema con estos es que una ráfaga de viento puede tirarlos a todos ya que trabajamos al aire libre. Por eso una alternativa que hemos utilizado es colocar los carteles con abrojos sobre un bastidor de caño de aluminio, plástico o hierro que puede ser desarmable. Luego se armará en forma de círculo cerrado parándolos en zig zag para que se mantengan en pie.

Para los bastidores donde van fijados los carteles pueden usarse marcos de caños cuadrados de aluminio o de hierro. Los armazones o bastidores miden 1,90m de altura por 0,65m de ancho con un travesaño a los 50 cm del suelo, quedando un marco de 1,40m x 0,65m donde se fija el cartel.

Dónde se colocan

En la zona peatonal de las ciudades, en una plaza, en las ferias callejeras, cerca de supermercados y en veredas donde hay bastante tráfico de personas. En todo lugar donde se pueden encontrar personas.

Mayormente, como llaman la atención los colores y los muchos carteles, la gente se acerca y observa cualquier cartel. Se le invita a comenzar por el cartel número uno.

Decimos: "Aquí comienza la exposición me gustaría darle una pequeña explicación".

Enfatizamos los aspectos principales del cartel.

Después pasamos al segundo cartel. Invitamos a la gente y decimos por aquí tenemos detalles sobre las excavaciones arqueológicas que prueban la veracidad de la Biblia. Han sido identificados 25.000 lugares bíblicos y comenzamos a explicar detalles. Quien desea conocer más detalles para poder explicar mejor puede consultar en internet en la bibliatienerazon.org. Pero por lo general es un pantallazo solamente, no entramos en demasiados detalles, ya que la razón que nos mueve es motivar a la gente a estudiar la Biblia.

Luego invitamos a ver el tercer cartel.

Repito, no damos un estudio bíblico en la calle sino que despertamos la curiosidad motivando a la persona a investigar más.

Veamos los otros carteles.

Las señales de los tiempos

Las profecías de Daniel y del Apocalipsis.

No decimos quién es el 666. Solamente despertamos la curiosidad. "¡Esto es muy interesante!" –decimos. "Las 2300 profecías bíblicas dan un panorama extraordinario del pasado el presente y del futuro es como un calendario un reloj en los anales de la historia".

Luego pasamos a los carteles sobre Jesús: 10 maneras de conocer a Jesús.

Luego presentamos el santuario mostrando su simbolismo sobre el evangelio.

Después las profecías sobre Cristo.

Y pasamos al último mostrando que en Cristo hay solución para nuestros problemas. Mencionamos algunos de estos problemas, que aparecen en el cartel nº 10.

Al final mostramos el curso bíblico en el carten número 11 y las ventajas de conocer la Biblia.

Para más información, le ofrecemos un resumen de los temas más importantes de la Biblia, un curso gratuito explicando la Biblia con la Biblia y combinándolo con la historia.

Podemos agregar algunos de los argumentos de motivación que usamos en la encuesta y que detallaremos a continuación.

Estos argumentos debemos aprenderlos bien para utilizarlos en cualquier conversación, en el diálogo con nuestros vecinos, amigos, conocidos o con las personas que visitamos con la encuesta.

La pluma inspirada nos muestra la necesidad de motivar con la mayor habilidad a la gente a conocer a Cristo y estudiar la Biblia. Dice lo siguiente:

"En Cristo está la ternura del pastor, el afecto del padre y la incomparable gracia del Salvador compasivo. Él presenta sus bendiciones en los términos más seductores. No se conforma con anunciar simplemente estas bendiciones; las ofrece de la manera más atrayente, para excitar el deseo de poseerlas. Así han de presentar sus siervos las riquezas de la gloria del don inefable. El maravilloso amor de Cristo enternecerá y subyugará los corazones cuando la simple exposición de las doctrinas no lograría nada" (D.T.G. 766, 767).

LOS CARTELES SOBRE LA LEY DE DIOS Y EL SÁBADO

Veamos ahora los carteles que clarifican el tema de la ley de Dios y el sábado.

Los 2 primeros son para motivar a las personas y hacerles reflexionar sobre las leyes

que rigen la naturaleza y diversos aspectos de la vida, para luego proyectarnos hacia la Ley de Dios. Es bueno estudiar cartel por cartel para estar seguros de dominar el tema.

Lo mismo que en los carteles de la Biblia damos una explicación algo rápida de los diez carteles, comenzando en el cartel #1: "La causa de tanto sufrimiento y violencia en el mundo"; luego "Las leyes que rigen la prosperidad y el éxito".

"La falsificación de la ley de Dios"

"Las dos leyes"

"La ley y el evangelio"

Dependiendo de la actitud de la persona o del grupo, podemos ir más rápido o más

lento. A medida que se acercan más personas y ya se ha avanzado en la explicación de los carteles, otro hermano comienza con el nuevo grupo en el cartel #1 y nuevamente dando la explicación a los nuevos que han llegado. Uno está explicando el cartel número uno mientras otro hermano o hermana va por el número cinco o el número ocho y así se forman varios grupos simultáneos.

Al final ofrecemos el curso Bíblico o damos la revista sobre la ley de Dios y el sábado.

Hay tres cursos para ofrecer:

- "A los pies de Jesús", son los temas del Manual de instructores y está preparado en tres niveles y es especialmente para la persona que ya sabe buscar en la Biblia. Podemos ofrecerlo en PowerPoint y, también en video.
- El curso: "Apocalipsis" que son 18 temas, las verdades bíblicas desde el punto de vista del Apocalipsis.
- El curso "Tercer milenio" que son 10 temas sobre el triple mensaje angélico y las verdades fundamentales. Existe un cuestionario que contiene preguntas para cada tema con respuesta múltiple.

Es bueno que los hermanos estudien ellos mismos los cursos primeramente solos y después acompañen a los interesados. Sin el contacto personal no hay resultados. Es importante la continuación del trabajo. Es un privilegio servir al Señor y los laicos que dan estudios bíblicos tendrán mucha satisfacción. El Señor los bendiga.

Conclusión

El objetivo del presente trabajo es enseñar los materiales y su contenido y aprender el método de motivar a las personas a recibir estudios bíblicos. Si no se dispone de tiempo suficiente para tantos estudios bíblicos, se puede hacer el trabajo de correo misionero.

Se debe llevar las lecciones y que la persona estudie sola semanalmente. Cuando el instructor bíblico lleva la próxima lección sostiene un diálogo con el interesado. Después de algunos estudios que han hecho solos, podemos decir: "El próximo tema me gustaría que lo estudiemos juntos pues tengo unas ilustraciones muy interesantes".

Claro que lo ideal es estudiar con la persona, especialmente en temas fundamentales en los cuales tiene que haber una decisión por parte del interesado.

Presentemos con coraje nuestra verdad distintiva para que el mundo sepa que hay un pueblo reparador de portillos, un pueblo que tiene un mensaje que presenta en alta voz, el tercer mensaje angélico.

14. ENCUESTAS ESPECIALES

ENCUESTAS SOBRE EL SÁBADO

Somos llamados a restaurar los muros y restaurar las brechas abiertas por el anticristo. La verdad del sábado debe ser proclamada a los cuatro vientos porque es parte del triple mensaje angélico. Debemos darnos a conocer y la verdad que Dios nos ha confiado. Sabemos que en el drama final se tratará este tema: sábado o domingo, y nos toca hoy presentar este mensaje. No podemos quedar en el anonimato. Millones de cristianos ignoran esta verdad y son engañados por sus líderes. También hay pastores sinceros que necesitan ser iluminados con la luz de la verdad. Posiblemente venga oposición pero es parte del precio que debemos pagar. Eso sólo nos ayudará a que se proclame más rápido. No tengamos temor.

En ocasión de congresos evangélicos o católicos se puede también hacer encuestas.

15. MATERIALES DISPONIBLES

Como material auxiliar complementario, la Asociación General pone a disposición los siguientes materiales:

- 10 carteles sobre la Biblia estimulando el estudio de las profecías y presentando a Jesús en sus diferentes facetas. Este material es para exposiciones en la calle, en las plazas, también se puede poner delante del salón de culto, de casas particulares, uno o dos temas por día o por semana.

- Una revista de 16 páginas que trata ampliamente todo el tema

- Seis volantes sociales de introducción: sobre salud, matrimonio, juventud, estrés, depresión y sobre el descanso.

- Curso "Tercer milenio" a colores, 10 temas

- Curso "A los pies de Jesús", 31 temas

- Curso "A los pies de Jesús" en presentaciones de PowerPoint

- Sitio web con los 10 temas sobre la Biblia y otros 10 sobre la verdad de la ley y el sábado

- 10 carteles sobre la ley de Dios y el sábado

- Una encuesta sobre la ley de Dios

- Bosquejo para 4 conferencias públicas sobre la verdad de la ley y el sábado

Encuesta de opinión

Pregunta	Respuesta	1	2	3	4	5	6
1. ¿Cuál considera usted, es la verdadera causa de tanta violencia y mal en el mundo?	a) La falta de valores éticos y morales						
	b) la situación económica						
	c) Fracaso de la política						
2. ¿Cree usted que la fe en Jesucristo puede cambiar al ser humano?	Sí						
	No						
	Inseguro						
3. ¿Considera usted que si se viviera con fe en Dios y de acuerdo a los mandamientos tendríamos un mundo diferente de paz y de felicidad?	Sí						
	No						
	Inseguro						
4. ¿Conoce usted los diez mandamientos de la Biblia? ¿Recuerda alguno de ellos?	Sí						
	No						
	Inseguro						
5. ¿Tiene usted la Biblia en su casa? ¿La suele leer algunas veces?	Sí						
	No						
6. ¿Cuál es el verdadero día de descanso según la Biblia?	Domingo						
	Sábado						
	Otro día - Ninguno						
7. ¿Considera usted importante dedicar un día a Dios y a la familia?	Sí						
	No						
8. ¿Ha oído usted hablar sobre el cumplimiento de las profecías bíblicas?	Sí						
	No						

1 _______________________________   3 _______________________________

_______________________________   _______________________________

2 _______________________________   4 _______________________________

_______________________________   _______________________________

Encuesta de salud

		1	2	3	4	5	6
1. ¿Es Ud. adicto al trabajo o mantiene el equilibrio entre trabajo y descanso?	Sí, exagero						
	Tengo equilibrio						
2. ¿Es su vida sedentaria o hace ejercicios y tiene suficiente movimiento?	Sedentaria						
	Movimiento						
3. ¿Cuánta agua bebe Ud. por día?	Menos de 4 vasos						
	Más de 4 vasos						
4. ¿Cuál es su alimentación principal?	Frutas verduras, cereales y legumbres						
	Carne o pescado						
	Ambas						
5. ¿Cuántas veces come carnes o pescados por semana?	Veces:						
6. ¿Tiene ud. algún factor de riesgo cardiovascular? (obesidad, colesterol, estrés, alta presión, fumar)	Sí						
	No						
7. ¿Qué opina sobre el uso de plantas medicinales? ¿Suele utilizar algunas?	Sí						
	No						
8. ¿Utiliza usted alimentos refinados o prefiere integrales?	Refinados						
	Integrales						
9. ¿Cree que nuestras preocupaciones y pensamientos negativos influyen sobre nuestra salud?	Sí						
	No						

1 ______________________________   4 ______________________________

2 ______________________________   5 ______________________________

3 ______________________________   6 ______________________________

16. MESAS DE LIBROS

Buscamos zonas peatonales o donde hay bastante circulación del público. Después de consultar los permisos respectivos, armamos un stand (si es posible con un techito) con una mesa donde ponemos diferetes clases de biblias, libros, folletos y volantes. A medida que las personas se acercan vamos ofreciendo los materiales con el objetivo de tomar contacto.

17. EXPOSICIONES DE SALUD

Se preparan pósters sobre los ocho factores de salud y se ofrecen servicios de tomar la presión, evaluar el azúcar en la sangre, la masa corporal y otras evaluaciones sobre el estado de salud. Esto será posible de acuerdo a los profesionales que estén disponibles a colaborar, como por ejemplo: médicos clínicos, enfermeros, nutricionistas, naturistas, etc. Lo importante es hacer un puente entre la salud y la parte espiritual por medio de la salud mental y el control del estrés. Hablar de cómo influencian los pensamientos negativos o positivos y que la Biblia nos ayuda dándonos fe y esperanza. Ofrecer los estudios bíblicos y mostrar la necesidad de vida espiritual. Se puede acompañar la exposición de salud con algunas exposiciones o conferencias.

Se puede combinar con exposición de alimentos y cursos de cocina.

18. REUNIONES SOCIALES

Después de haber orado por los hermanos menores, se puede organizar una reunión donde se sirve algo de comer, se presentan participaciones musicales y se dan exhortaciones bíblicas.

19. SEMINARIOS

Puede hacerse sobre diversos temas de acuerdo a la disponibilidad de personal capacitado.

Como por ejemplo:

- Dejar de fumar.
- Control de estrés.
- Comprender la depresión.
- Cómo superar el luto y la separación.
- Cómo conseguir y mantener un empleo.
- Cursos de cocina.
- Seminarios sobre familia.
- Música y canto.
- Otros métodos.

20. EXCURSIONES

Ha sido exitoso como método invitar a las personas a visitar la naturaleza donde se combina la excursión con un pequeño tema y mantener el diálogo con los interesados. Se puede mostrar las hierbas medicinales de la región y otras actividades creativas.

21. MÉTODOS DE CONTACTO POR INTERNET

Podemos contactar personas a través de Internet por los siguientes medios:

- Correo electrónico
- Facebook
- Whatsapp
- Twitter
- Blogs
- Páginas Web
- Aplicaciones
- Redes Sociales
- Otros medios

Para dar estudios bíblicos a través de Internet podemos hacerlo a través de diferentes medios, tales como:

• Hangouts: Es una opción que otorga Google, donde se puede realizar una video llamada con otra persona. Sólo se necesita el correo electrónico de ambas personas. Tiene también la opción de mostrar tu pantalla en la computadora, por lo que se puede mostrar el PowerPoint e ir explicando a la vez. Crea la sensación de estar en persona.

• Aplicación: Tenemos la aplicación llamada "Estudios bíblicos: A los pies de Jesús" donde se encuentran todos los estudios bíblicos. Para descargar esta aplicación se busca en el PlayStore como estudios.biblicos y normalmente aparece como la primera opción a descargar.

• Está la página web con la opción de descargar los PowerPoint, la cual se encuentra en asd1844.org/evangelismo. También se puede hacer una transición sin tener que descargarlo.

• Llamadas telefónicas: Usar este medio no es el más efectivo, pero puede ser el más accesible si la persona que queremos contactar vive en un lugar lejano donde no haya una iglesia o hermanos que puedan otorgarle los estudios bíblicos. Si no tenemos la opción de una llamada por teléfono o celular, podemos usar la llamada de Whatsapp que es accesible a gran parte de las personas.

En este caso, podemos combinarlo con el medio que sea accesible para la persona que estamos contactando, por ejemplo: podemos hacer una llamada por whatsapp y que la persona esté viendo en su celular las diapositivas a través de la página web.

• Skype: Se ha logrado a través de este medio que la persona logre decisiones. Tiene la ventaja de que se puede coordinar un día y horario fijo para un encuentro semanal desde la comodidad de su casa. Es recomendable que la persona tenga el texto mientras se dicta el estudio, ya sea en PowerPoint o en PDF. Al ser personalizado se puede aclarar dudas e influir mas en la persona ya que hace el estudio bíblico solo. Se ora junto como si se estuviera en presencia. Durante el estudio vamos dialogando haciendo preguntas y pidiendo que lea textos en la biblia. Se hace una enseñanza inductiva para que la persona saque conclusiones. De este modo se puede evangelizar a personas a distancia, familiares, amigos o a quien Dios nos ponga delante. Después se busca el contacto personal para un encuentro, si esto es posible, se lo puede invitar a un congreso o programa evangelístico.

• Se pueden hacer foros para dar estudios bíblicos, pero no es recomendable ya que dejamos abierta la posibilidad a que personas en contra de Dios y la religión opinen sobre el tema y siembren dudas en las personas que realmente quieren buscar a Dios. También hacen perder el alcance que tiene la palabra de Dios sobre sus mentes.

Otros medios de contacto por Internet pueden ser:

• Meditaciones diarias: Estas pueden ser en audio o video que se pueden enviar fácilmente por Whatsapp.

• Radios de internet:

• Predicaciones que están colocadas en YouTube. (PAGINAS DE YOUTUBE conferencia general, ASDIMOR España)

• Grabaciones de Himnos (adventistas)

• Videos Musicales propios

• Correo electrónico con pequeños videos con mensajes adjuntos.

• Mensajes de texto por celular

Y otras muchas formas de comunicarse que va revolucionando la comunicación.

(Para algunas personas que no disponen de Internet, es recomendable bajar los videos, himnos o audios y colocarlos en un pendrive).

Trátese de mantener el contacto de forma personalizada para aclarar dudas y lograr decisiones.

X. CONTACTOS PERSONALES DE INTRODUCCIÓN

Cada persona que encontramos es diferente. El Señor nos ha dotado de la capacidad de discernimiento, para captar las necesidades, y debemos dejarnos guiar por el Espíritu de Dios para saber:

- Cómo llegar al corazón de una persona.

- Cómo hacer desear la Palabra de Dios al notar que contiene bálsamo para sus heridas.

- Cuales serían los argumentos adaptados a cada necesidad, para llenar su corazón de esperanza.

- No olvidemos que la Palabra de Dios tiene poder. Usemos los textos apropiados."

Sería conveniente que cada Misionero Laico tenga una carpeta pequeña, en la que va anotando los textos apropiados para cada necesidad y cada tema. A modo de ejemplo citaremos algunos textos y argumentos:

1. PERSONAS ENFERMAS

De acuerdo al caso, podemos mostrar que:

a) Dios desea nuestra salud. 3ª Juan 2.

b) Podemos acudir a él. Mat. 11: 28-30; Sal. 116: 3-6; Sal 121.

c) El es nuestro sanador. Ex. 15: 26; Sal. 103: 3. Stgo. 5:14-16.

- Algunos de sus milagros. Ej: "El toque de fe"; Marc. 1:20-34; 5: 24-29, 34. 6:53-56.

- Relatar testimonios personales de sanidad; respuesta a la oración de fe. Sal. 23

- Debemos someternos a su voluntad. Mat. 26: 42; 2ª Cor. 12: 7-10.

d) No estamos solos. Sal. 41: 3; Isa. 41: 10, 13; Jos. 1: 9.

e) Pronto no existirá más el dolor. Isa. 35: 3-6, 10; 40: 31.

2. PERSONAS ANGUSTIADAS

a) Colocar sobre él nuestra ansiedad. 1ª Ped. 5: 7; Sal. 37: 5,6.

b) Temor del futuro, problemas económicos. Mat. 6: 25-34.

c) Miedo: Sal. 91: 46; 27: 1, 13-14; Isa. 43: 1-3.

3. PERSONAS QUE PERDIERON UN SER QUERIDO

a) Jesús nos comprende. También lloró por la muerte de su amigo Lázaro. Juan 11: 33-36.

b) Una esperanza, la resurrección: Juan 11: 11-14, 20-27; Tes. 4: 13-14.

c) Destruirá la muerte: Isa, 25; 8; Apoc. 21: 4.

d) Si es un anciano. Sal. 90: 10.

e) Dios cuidará de los huérfanos y las viudas. Sal. 146: 9; Sal. 68: 5; Ex. 22: 22-23.

4. INDIFERENTES

Deben ser motivados a través de interrogantes, de preguntas que le hagan pensar. Despertar el interés por la palabra de Dios.

a) Se ha preguntado Ud. alguna vez, ¿De dónde venimos? ¿A dónde vamos? ¿Cuál es el verdadero propósito de la vida? La Biblia responde...

b) La Biblia nos relata la historia del pasado, el presente y el futuro a través de unas 1000 profecías.

c) Nuestra vida es incierta. Isa. 55: 6.

5. INCRÉDULOS O DUDOSOS.

a) Llamar la atención sobre la existencia de Dios a través de:

- Milagros en la naturaleza. Ej: El radar de los murciélagos.

- El hombre, sus funciones orgánicas, desarrollo de un bebé, etc.

- Elevar su vista a las estrellas.

b) Evidencias de que la Biblia dice la verdad.

- Unidad de su mensaje a pesar que son casi 40 autores, que escribieron los 66 libros en un lapso de 1600 años.

- Su pureza.

c) La arqueología confirma la Biblia.

d) El cumplimiento de las profecías:

- Históricas: Pueblos, ciudades, personas.

- Acontecimientos de la actualidad (señales) Mat. 24; luc. 21; 2ª Tim. 3: 1-6.

Matemáticas.

- Anticipaciones científicas: Avión (Isa. 60:8), gravitación universal (Job 26: 7), peso del aire (Job 28: 25), número incontable de las estrellas (Jer. 33: 22), etc..

e) Los valiosos consejos que da la Biblia sobre la vida familiar, educación de los hijos, matrimonio, para los jóvenes son inmejorables.

f) La mejor evidencia son las vidas transformadas. Presentar nuestro testimonio personal.

6. AYUDAS EN CIRCUNSTANCIAS ESPECIALES

a) Cómo enfrentar la muerte de un ser querido.

Job 19:25-27. Jn 11;25-27;Jn 14:1-7; Rom. 8:31-39; 14;7-9; 1 Tes. 4:13-18.

b) Cómo enfrentar la enfermedad.

Sal. 23; Mar. 1:29-34; 6:53-56; Stgo. 5:14-16.

c) Cómo enfrentar el sufrimiento y la persecución.

Sal. 109; 119:153-160; Mat. 5:3-12; Jn 15:18; 16:4; Rom. 8:18-30; 2 Cor. 4:1-15; Hebr. 12:1-11; 1 Ped. 4:12-19.

d) Cómo enfrentar el desamparo.

Sal. 90:1,2; Isa. 65:17-25; Lam. 3:19-24 Luc. 9:57-62; Apoc. 21:1-4.

e) Cómo enfrentar un desastre natural.

Gén. 8-9:17; Job 36:22-37:13; Sal. 29. 124; 36:5-9; Jer. 31:35-37; Rom. 8:31-39; 1 Ped. 1:3-12.

f) Si pierde su trabajo.

Jer. 29:10-14. Luc. 16:1-3; Fil. 4:10-13.

g) Cómo sobreponerse a la adicción.

Sal. 40:1-5; 11-17; 116:1-7; Prov. 23:29-35; 2 Cor. 5:16-21; Efe. 4:22-24.

h) Cómo obtener perdón.

Sal. 32:1-5; 51; Prov. 28:13: Joel 2:12-17; Mat. 6:14-15; Luc. 15; Filemón; Heb. 4:14-16; 1 Jn 1:5-10.

i) Cómo buscar la ayuda de Dios.

Sal. 5; 57; 119:169-176; 121; 130; Mat. 7:7-12.

j) Dónde buscar justicia.

Sal. 10; 17; 75; 94; Isa. 42:1-7; 61:1-9; Amos 5:21-24; Hab. 1:1-2:4.

k) Dónde buscar salvación.

Jn 3:1-21; Rom. 1:16-17; 3:21-31; 5:1-11; 10:5-13; Efe. 1:3-14; 2:1-10.

l) Al comenzar un trabajo nuevo.

Prov. 11:3; 22:29; Rom. 12:3-11; 1 Tes. 5:12-18; 2 Tes. 3:6-13; 1 Ped. 4:7-11.

m) Preocupación por la vejez.

Sal. 37:23-29; Isa. 46:3-4.

n) El afán por el dinero.

Prov. 11:7; Ecle. 5:10-20; Mat. 6:24-34; Luc. 12:13-21; 1 Tim. 6:6-10.

7. CONFRONTANDO SENTIMIENTOS QUE PERTURBAN

a) ¿Tiene miedo?

Sal. 27; 91; Isa. 41:5-13; Mar. 4:35-41; Heb. 13:5-6; 1 Jn 4:13-18.

b) ¿Tiene miedo a la muerte?

Sal. 23; 63:1-8; Jn 6:35-40; Rom. 8:18-39; 1 Cor. 15:35-57; 2 Cor. 5:1-10; 2 Tim. 1:8-10.

c) ¿Está enojado?

Prov. 15:1; Rom. 12:17-21; Mat. 5:21-24; Efe. 4:26-32; Sgo. 1:19-21.

d) ¿Está ansioso o enojado?

Sal. 25; Mat. 6:24-34; 10:26-31; 1 Ped. 1:3-5; 5:7.

e) ¿Se siente deprimido?

Sal. 16; 43; 130; Isa. 61:1-4; Jer. 15:10-21; Lam. 3:55-57; Jn 3:14-17; Efe. 3:14-21.

f) ¿Está desanimado?

Salmo 34; Isa. 12:1-6; Rom. 15;13; 2 Cor. 4:16-18; Fil. 4:10-13; Col. 1:9-14; Heb. 6:9-12.

g) ¿Duda en cuanto a su fe en Dios?

Sal. 8; 146; Prov. 30:5; Mat. 7:7-12; Luc. 17:5-6; Jn 20:24-31; Rom. 4:13-25; Heb. 11; 1 Juan 5:13-15.

h) ¿Está frustrado?

Job 21:1-6; 24:1-17; 36:1-26; Mat. 7:13, 14.

i) ¿Es usted inseguro? ¿Le falta estima propia?

Deut. 31:1-8; Sal. 73:21-26; 108; Fil. 4:10-20; 1 Jn 3:19-24.

j) ¿Se siente abrumado y bajo tensión?

Isa. 55:1-9; Mat. 11:25-30; Jn 4:1-30; 2 Cor. 6:3-10; Apoc. 22:17.

k) ¿Se siente tentado?

Sal. 19:12-14; 141; Luc. 4:1-13; Heb. 2:11-18; 4:14-16; Sgo. 1:12-18.

l) ¿Se siente muy cansado?

Sal. 3:5-6; 4:4-8; Isa. 35:1-10; Mat. 11:25-30; 2 Tes. 3:16; Heb. 4:1-11.

XI. EL TESTIMONIO PERSONAL

Nuestra experiencia personal con Cristo, el testimonio de nuestra conversión, puede ser uno de los más eficaces medios para hacer desear la salvación y despertar el amor a Dios.

1. NO CONSISTE EN UNA AUTOBIOGRAFÍA

No es la descripción detallada de nuestros pecados pasados, ni la exaltación del yo, sino es la viva descripción de las bendiciones recibidas y de la obra de Dios por nosotros y en nosotros.

2. ES EL MÉTODO USADO EN EL NUEVO TESTAMENTO

a) El endemoniado Gadareno. Luc. 8: 39.

Resultado: Toda la ciudad lo esperó cuando regresó. (vers. 40).

b) La Samaritana trajo casi una ciudad a Cristo por su testimonio. Juan 4: 39.

c) Pablo relató diversas veces su experiencia: Hech. 22: 3-16.; Hech. 26: 4-22.

d) Juan testificó lo que vio y oyó. 1ª Juan 1: 1-2.

"Como testigo de Cristo, Juan no entró en controversias ni en fastidiosas disputas. Declaró lo que sabía, lo que había visto y oído.

Su testimonio acerca de la vida y la muerte del Señor era claro y definido. Sus palabras surgían de la abundancia de un corazón que rebosaba de amor hacia su Salvador; y no había poder capaz de detenerlas.

"Todo creyente puede estar capacitado, por su propia experiencia, para afirmar que "Dios es veraz" (Juan 3:33). Puede dar testimonio de lo que ha visto, oído y palpado acerca del poder de Cristo." (Hec. Ap. 458,59).

3. SOMOS LLAMADOS A TESTIFICAR

"Mas vosotros sois linaje escogido, real sacerdocio, nación santa, pueblo adquirido por Dios, para que anunciéis las virtudes de aquel que os llamó de las tinieblas a su luz admirable." (1ª Ped. 2: 9).

4. NUESTRO TESTIMONIO, PARA SER EFICAZ, DEBE TRASLUCIR EL GOZO DE LA SALVACIÓN

a) La paz con Dios, resultado de la justificación. Rom. 5: 1.

b) La confianza en la salvación. 1ª Juan 5: 11-13.

" Es tu privilegio el confiar en el amor de Jesús para la salvación en la forma más absoluta, segura y noble. Decir, `El me ama, me recibe, en El confiaré porque El dio su vida por mí´.. Nada hace que desaparezca la duda como el ponerse en contacto con el carácter de Cristo. El declara `al que a mi viene , no le echo fuera´ (Juan 6: 37). Esto significa que es absolutamente imposible que le eche fuera, "pues he dado mi palabra de honor de recibirle". Acepten la promesa de Cristo por lo que vale y que sus labios declaren que han alcanzado la victoria." (R.H. feb. 1971)..

"Satanás está listo para quitarnos la bendita seguridad que tenemos en Dios." (C.C. 36).

c) El perdón recibido.

"El momento en que un pecador acepta a Cristo por la fe, ese momento está perdonado. La justicia de Cristo le es imputada y no debe dudar más de la gracia perdonadora de Dios." (Signs. of the Times, 19 mayo 1898).

d) Salvación por gracia.

"Hay quienes profesan seguir a Dios mientras dependen de sus propios esfuerzos para obedecer su ley, para formar un carácter correcto y asegurarse así la salvación. Sus corazones no son impulsados por un sentido profundo del amor de Cristo, sino que procuran cumplir con los deberes de una vida cristiana como algo que Dios requiere de ellos para poder así ganarse el cielo. Una religión tal, no vale nada." (C.C. 29).

e) Aceptación de la salvación.

"Toda la obra es del Señor de principio a fin. El pecador que perece puede decir: `Soy un pecador perdido, pero Cristo vino a buscar y a salvar lo que se había perdido. El dice: "No he venido a llamar a justos, sino a pecadores´ (Mar. 2: 17). Soy pecador y Cristo murió en la cruz del Calvario para salvarme. No necesito permanecer un solo momento más sin ser salvado. El murió y resucitó para mi justificación y me salvará ahora. Acepto el perdón que ha prometido." (M.S.I. 459).

f) No vivir una religión fría y legalista. Apoc. 2:4.

"Una religión fría y legalista, nunca puede conducir las almas a Cristo, pues es una religión sin amor y sin Cristo." (M.S. I, 454).

5. UN PODER IRRESISTIBLE

"Nuestra confesión de nuestra fidelidad es el factor escogido por el Cielo para revelar a Cristo al mundo. Debemos reconocer su gracia como fue dada a conocer por los santos de antaño; pero lo que será más eficaz es el testimonio de nuestra propia experiencia. Somos testigos de Dios mientras revelamos en nosotros mismos la obra de un poder divino. Cada persona, tiene una vida distinta de todas las demás y una experiencia que difiere esencialmente de la suya. Dios desea que nuestra alabanza ascienda a él señalada por nuestra propia individualidad. Estos preciosos reconocimientos para alabanza de la gloria de Cristo, tienen un poder irresistible que obra para la salvación de las almas." (D.T.G. 313).

6. ESCRIBA SU TESTIMONIO

Revíselo, apréndalo y preséntelo con rostro alegre, que refleje la paz del cielo.

a) Evite el lenguaje denominacional.

En lugar de decir "acepté la verdad" o "acepté el mensaje" diga: "acepté a Jesús."

b) Hágalo breve, de dos a cuatro minutos.

c) No critique otras iglesias.

d) No haga mención de la lista de cosas que tuvo que dejar, ni de los problemas que tuvo que afrontar al convertirse.

e) Que sea positivo, que haga desear la salvación. Analice sus verdaderos sentimientos positivos y escríbalos.

7. FORMULA INSPIRADA DE UN TESTIMONIO

"Así cada uno puede por su propia experiencia poner su sello en esto, `que Dios es veraz´. Puede dar un testimonio de lo que él mismo ha visto, oído y sentido del poder de Cristo. Puede testificar, `yo necesitaba ayuda y la encontré en Jesús´.

Cada deseo fue saciado, el hambre de mi alma mitigada. La Biblia es para mí la revelación de Cristo. Creo en Jesús porque es para mí un Salvador divino. Creo en la Biblia porque he descubierto que es la voz de Dios para mi alma." Testimonies, tomo VIII, pág. 321.

8. BOSQUEJO DEL TESTIMONIO

a) Describa su vida antes de aceptar a Cristo.

- Necesité ayuda.
- Su soledad y vacío interior, incertidumbres.
- Su ansiedad, temor, desesperación, que quizá le causó enfermedad.
- Infelicidad en el hogar.

- Búsqueda vana en algún placer pecaminoso. Bebidas, etc.
- Búsqueda vana del propósito de la vida.

b) Describa la manera en que llegó a ser cristiano.

- Hágalo real, describiendo alguna cosa que lo impactó.
- Las personas que intervinieron.
- "Descubrí que la Biblia era la voz de Dios para mi alma".

c) Describa su vida desde que se hizo cristiano.

- El cambio, el gozo y las bendiciones recibidas.
- La paz que sólo se encuentra en Cristo.
- El perdón de los pecados.
- La esperanza de la vida eterna.
- La salud mejorada.
- La felicidad en el hogar.
- La amistad que se ha hecho con otros.
- El compañerismo de la familia cristiana.
- Si aceptó a Cristo de joven, cuente en lo que la herencia cristiana lo benefició.
- Puede usar frases como:

"Yo necesité ayuda y la encontré en Jesús."

"El hambre de mi alma ha quedado saciado en Cristo."

9. DESPUÉS DE HABERLO ESCRITO Y APRENDIDO, ÚSELO A MENUDO

a) Después de algunas preguntas para que hable la persona, si el contacto es esporádico.

- ¿Tiene usted la Biblia en su casa?
- ¿Qué opinión tiene sobre ella?
- ¿La ha leído alguna vez?
- ¿Se ha preguntado alguna vez, cuál es el verdadero propósito de la vida?

b) Después de presentar la encuesta sobre la vida religiosa si no acepta estudios.

c) Al comenzar un estudio bíblico sobre el amor de Dios, la salvación, el perdón, la fe y el nuevo nacimiento.

d) Si al testimonio no sucede el estudio, explique cómo aceptó a Cristo, como Salvador personal y como Señor de su vida y la seguridad que podemos tener al entregarnos a él.

10. PRESENTEMOS LAS BENDICIONES EN LOS TÉRMINOS MÁS SEDUCTORES, EXCITANDO EL DESEO DE POSEERLAS

"El Evangelio no ha de ser presentado como una teoría sin vida, sino como una fuerza viva para cambiar la vida. Dios desea que los que reciben su gracia, sean testigos de su poder."

"Quiere que sus siervos atestigüen que por su gracia los hombres pueden poseer un carácter semejante al suyo y que se regocijen en la seguridad de su gran amor. Quiere que atestigüemos que no puede estar satisfecho hasta que la familia humana esté reconquistada y restaurada en sus santos privilegios de hijos e hijas.

En Cristo está la ternura del pastor, el afecto del padre y la incomparable gracia del Salvador compasivo. El presenta sus bendiciones en los términos más seductores. No se conforma con anunciar simplemente estas bendiciones; las ofrece de la manera más atrayente, para excitar el deseo de poseerlas. Así han de presentar sus siervos las riquezas de la gloria del don inefable. El maravilloso amor de Cristo enternecerá y subyugará los corazones cuando la simple exposición de las doctrinas no lograría nada". (D.T.G. 766,767).

XII. CÓMO DAR ESTUDIOS BÍBLICOS

1. UN COMETIDO SAGRADO

a) La orden de Jesús: enseñar. Mat. 28: 19.

b) Una idea nacida del cielo.

"El plan de celebrar estudios bíblicos es una idea de origen celestial. Muchos son los hombres y mujeres que pueden dedicarse a este ramo del trabajo misionero. Pueden desarrollarse así obreros que serán poderosos para Dios. Por este medio la Palabra de Dios ha sido dada a millares; y los obreros se han puesto en contacto personal con personas de todas las naciones y lenguas. La Biblia penetra en las familias, y sus verdades sagradas penetran en la conciencia."

"Nuestra obra nos ha sido señalada por nuestro Padre Celestial. Hemos de tomar nuestra Biblia, y salir para amonestar al mundo. Hemos de ser la mano ayudadora de Dios en la salvación de las almas: canales por los cuales ha de fluir cotidianamente su amor hacia los que perecen." (S.C. 176).

c) Llamados a los miembros de Iglesia.

"Muchos serán llamados a trabajar de casa en casa dando estudios bíblicos y orando con las personas interesadas."

"Mujeres consagradas deben ocuparse en la obra bíblica de casa en casa."

"Si seguimos en las pisadas de Cristo, debemos acercarnos a aquellos que necesitan nuestro ministerio. Debemos abrir la Biblia a su entendimiento, presentarles las exigencias de la ley de Dios, leer las promesas a los vacilantes, despertar a los negligentes y fortalecer a los débiles."

"En el caso de Felipe y el Etíope, se presenta la obra a la cual el Señor llama a su pueblo. El Etíope representa una numerosa clase de personas que necesita misioneros como Felipe, misioneros que escuchen la voz de Dios y vayan donde él los envíe. Hay en el mundo quienes leen las Escrituras, pero no pueden entender su significado. Se necesitan, pues, hombres y mujeres que conozcan a Dios para explicar la Palabra a estas almas."

"Los miembros de nuestras iglesias deben hacer más trabajo de casa en casa, dando estudios bíblicos." (S.C. 176, 177).

d) La preparación para la lluvia tardía, exige la participación de todos los miembros en la obra bíblica.

I) Visión de la hna. Elena G. White de la reforma en su fase final en la lluvia tardía.

"En visiones de la noche pasó delante de mí un gran movimiento de reforma en el seno del pueblo de Dios. Muchos alababan a Dios. Los enfermos eran sanados y se efectuaban otros milagros. Se advertía un espíritu de oración como lo hubo antes del gran día de Pentecostés. Veíase a centenares y miles de personas visitando las familias y explicándoles la Palabra de Dios. " (J.T. III 345).

II) La lluvia no nos preparará, debemos hacerlo nosotros y ahora.

e) Necesidad de preparación.

" Los seguidores de Jesús no realizan el propósito y la voluntad de Dios si se contentan con permanecer en la ignorancia con respecto a su Palabra. Todos deben llegar a ser estudiosos de la Biblia. Cristo ordenó a sus seguidores: Escudriñad las Escrituras, porque a vosotros os parece que en ellas tenéis la vida eterna; y ellas son las que dan testimonio de mi. Pedro nos exhorta: 'Sino santificad al Señor Dios en vuestros corazones, y estad siempre aparejados para responder con mansedumbre y reverencia a cada uno que os demande razón de la esperanza que hay en vosotros'."

"Los que están verdaderamente convertidos deben llegar a comprender cada vez mejor las Escrituras, para que puedan hablar palabras de luz y salvación a los que están en tinieblas y perecen en sus pecados." (S.C. 178,179).

f) ¿Cuál es el secreto del éxito?

I) Sinceridad y fervor.

"Poned sinceridad y fervor en vuestras oraciones, en vuestros estudios bíblicos, y en vuestras predicaciones para que deis la impresión de que las sagradas verdades que estáis presentando a otros son para vosotros una viviente realidad. Cualquier cosa que hagáis por Jesús, tratad con todas vuestras fuerzas de realizarlas con fervor." (S.C.179).

II) Instar las conciencias a escudriñar.

"Una gran obra podría ser hecha presentando a la gente la Biblia tal como es. Llevad la Palabra de Dios a la puerta de todo hombre; presentad sus claras declaraciones con instancia a la conciencia de cada uno y repetid a todos la orden del Salvador: 'Escudriñad las Escrituras'."

III) Implorar la iluminación divina.

"Amonestadles a tomar la Biblia tal cual es, y a implorar la iluminación divina, y luego, cuando resplandezca la luz, a aceptar gozosamente cada preciosos rayo y a afrontar intrépidamente las consecuencias.

g) La promesa de Dios. Dan. 12:3. El gozo llenará nuestra alma.

"Abrid las Escrituras a alguien que esté en tinieblas y no os quejaréis de cansancio y falta de interés en la causa de la verdad. Vuestro corazón será despertado a una ansiedad por las almas y el gozo en las evidencias de la fe, llenará vuestro corazón, y sabréis que 'el que saciare, el también será saciado'." (S.C. 180).

ESTUDIOS BÍBLICOS

La orden de Jesús: Enseñar

Es una Idea nacida del cielo

La preparación para la lluvia tardía.

EL SECRETO DEL ÉXITO

1) Sinceridad y fervor.

2) Instar a las conciencias a escudriñar.

3) Implorar la iluminación divina.

LA PROMESA DE DIOS

Dan. 12:3. El gozo llenará nuestra alma

2. PARA DAR UN ESTUDIO BÍBLICO

a) Estúdiese bien el tema a presentar.

b) Averigüese si es posible: Nombre y apellido de la persona a entrevistar, religión y otros datos útiles.

c) Vístase decentemente en armonía con nuestros principios.

d) Sea exacto con el horario si ha marcado hora.

3. ACERCAMIENTO Y SALUDO

Siga las instrucciones mencionadas en el capítulo VIII, "El método de una entrevista."

4. HAGA UN BREVE CONTACTO, CONVERSANDO UNOS MINUTOS

(Véase "Contactos").

a) Dele importancia al hogar y a los niños.

b) No converse sobre política, problemas de la iglesia, ni asuntos que puedan producir diferencia de opiniones.

c) Tacto. No haga preguntas personales u ofensivas (Cuánto gana, asuntos íntimos, etc.)

PREPARACIÓN
Nuestra necesidad
Habrá mayor éxito
Debe incluirse los nuevos y a toda la iglesia
Desarrollar tres facultades
a) Espiritual:
• Buscar una experiencia personal con Cristo.
• Depender constantemente de Dios.
• Tener plena confianza en el mensaje.
• Más espiritualidad que argumetos.
• Eliminar rencores, amarguras y prejuicios.
• Estar reconciliado con Dios.
• Sentir el peso por las almas.
b) Mental: Prov. 3:13
• Obtener toda la educación posible.
• No descuidar ni una sola oportunidad de preparación.
• Los miembros de la iglesia deben trabajar y educarse a sí mismos.
c) Física:
• Un rostro alegre y amable
• Un andar seguro, porte firme, entusiasta y sereno.
Higiene personal.
• Bien afeitado, uñas limpias, cabello peinado, etc.
• Ropa limpia y decente. Que cuadre con nuestros principios.
"La verdadera educación significa más que la prosecución de un determinado curso de estudio. Significa más que una preparación para la vida actual. Abarca todo el ser, y todo el período de la existencia accesible al hombre. Es el desarrollo armonioso de las facultades físicas, mentales y espirituales."
(Ed.11)

5. INDICACIONES GENERALES

a) Trate de reunir a toda la familia.

b) Pida con delicadeza que apaguen la T.V. o la Radio.

c) Hable siempre pensando que las personas que lo oyen, tienen necesidad de Dios.

d) No predique. El estudio bíblico no es un sermón.

- Transmita el mensaje en forma de conversación, o sea, un estudio con preguntas y respuestas. De participación a los oyentes.

e) Número de participantes: Lo ideal es el auditorio de una sola alma, pero debe integrarse toda la familia.

- Si desea invitar a algunos amigos, es bueno concederlo.
- Si se juntan 15 a 20 personas, se convierte en evangelismo de grupos. En ese caso se presenta en forma de conferencia, dialogando oportunamente en forma personal con cada uno.

f) Duración: de 30 a 45 minutos.

g) Número de versículos: de 12 a 20.

h) Frecuencia: Una vez a la semana es normal. En ciertas personas puede hacerse dos y hasta tres veces.

i) Oración: No al primer estudio si no es creyente. Omitir la oración al principio.

Puede orarse al final del primer tema diciendo que deseamos pedir una bendición para el hogar, etc.

- En el segundo estudio, repasar la lección Nº 1, las claves para comprender la Biblia y la necesidad de orar antes de estudiar.
- Orar de pie. De rodillas con los que están habituados: evangélicos, o muy católicos.
- Oración breve, incluyendo una petición para el hogar. Al final: sobre el tema, agradecer y pedir algo relacionado a la conclusión.

j) Terminación: Cuando el interés esté en su punto culminante o cuando se haya despertado el interés de oír el estudio siguiente.

k) Música y canto: puede presentarse si se tiene instrumento portátil o voz adecuada.

- Evitar donde puede despertar prejuicios por los vecinos, si tienen vergüenza.

l) Manejar la Biblia con reverencia. No colocar otros libros encima, ni ningún objeto, tampoco golpearla.

m) Si cada estudiante tiene una Biblia, ayudarle, indicarle si es el Nuevo o Antiguo Testamento, o la página. Indicar primero el libro, luego el capítulo y el versículo.

- No leer antes de que lo hayan encontrado todos.
- Puede hacerse leer a personas que tienen facilidad para eso, no a quienes tengan dificultad para hacerlo.

n) Si son pocos, se puede permanecer sentado, si son más numerosos (evangelismo de grupos), el que expone debe estar de pie.

o) Si hay niños, hacer algo para que participen, contarles una historia breve, enseñarles a quedar tranquilos.

- Si saben leer, hacerles leer versículos cortos.

- Darles un libro para hojear.

- Cuando el grupo es más grande, alguien puede hacer un programa con ellos en otra habitación.

6. INTRODUCCIÓN O MOTIVACIÓN

a) Antes de exponer el tema debe despertarse interés por él.

b) Al fin de cada tema, deberá motivarse el próximo, a fin de mantener el entusiasmo

c) El ejemplo de Cristo con la Samaritana.

Lo que Jesús logró:

- Despertó la curiosidad. Juan 4: 5-26.

- Despertó el deseo. Vers. 13-14.

- Despertó el interés mencionando verdades que le eran desconocidas.

- Hizo sentir una necesidad. vers. 15.

- Captó toda la atención.

¿Cómo lo logró?

- Presentando interrogantes

  "Si conocieras..."

  "...Quien es el que te dice..."

  "...Tu le pedirías..."

  "...Agua viva..."

- Habló con seguridad, como que el deseaba ese agua..

- Presentó algo que ella necesitaba y que podía satisfacerla.

d) Antes de dar un estudio o tema, pensemos:

- Qué necesita en relación al tema, ya sea intelectual, emocional, material, o espiritualmente.

- Qué cosa puede satisfacer su curiosidad.

- Qué prejuicios puede tener. (No mencionar éstos en la introducción, sino ir debilitándolos durante el desarrollo del tema).

e) No debe ser largo.

f) Puede usarse una ilustración en la que aparece subrayada la necesidad.

g) Ejemplo Nº 1 de Introducciones o Motivaciones.

Al tema: "Las Sagradas Escrituras".

a) La Biblia ya no es un libro desconocido en nuestros tiempos, pero...

- ¿Cuál es en realidad su origen?
- ¿Quién y cuándo y para qué se escribió?
- ¿Puede este libro llenar mi vacío y ayudarme en mis problemas?

b) Este libro contiene las más trascendentales revelaciones para el hombre, pero muchos no las entienden.

- Hay cinco claves importantes para comprenderla. ¿Cuáles son?
- Nuestro estudio responderá a todas estas preguntas.

Ejemplo Nº 2: "Las Sagradas Escrituras." (Otra alternativa).

a) El que viaja por el mar y recorre las costas, ve en algunos lugares faros. ¡Cuántas personas salvaron sus vidas por ellos, en las oscuras noches de tormenta! Están allí, para evitar que los barcos se estrellen contra las rocas y encuentren el puerto donde estarán seguros.

b) Nuestro mundo también está agitado. Los problemas que cada uno enfrentamos y las tinieblas espirituales y morales que nos rodean en este mundo de crisis, nos hacen sentir la necesidad de un faro orientador, para no encallar, para llegar al puerto de paz.

c) Ese faro es la Biblia..

"Lámpara es a mis pies tu palabra, y lumbrera a mi camino. Salmos 119: 105."

d) Nos orienta:

- En la vida familiar.
- En nuestros problemas.
- Nos indica de dónde venimos y a dónde vamos.
- Revela el futuro con sorprendente exactitud.
- Sí. ¡Nos ayuda a vivir!

e) Es una carta que Dios nos ha escrito, para revelarnos su voluntad.

Veamos un poco en qué consiste:

Ejemplo Nº 3: "¿Quién dominará el mundo?" (Daniel 2).

Hay algunas cosas muy interesantes que nos revelan las profecías milenarias de la Biblia.

a) ¿Por qué Hitler perdió la guerra a pesar del poderío militar? ¿Por qué la perdió Napoleón? Tres palabras de la Biblia contienen el secreto.

b) ¿Quién dominará al mundo en el futuro?

¿Será Rusia, Estados Unidos, Japón o algún otro poder aun desconocido?

c) Una profecía bíblica dada hace 2.600 años, en los días de Nabucodonosor, Rey de Babilonia, contestará a estas preguntas.

h) Al terminar cada estudio debe despertarse el interés por el siguiente.

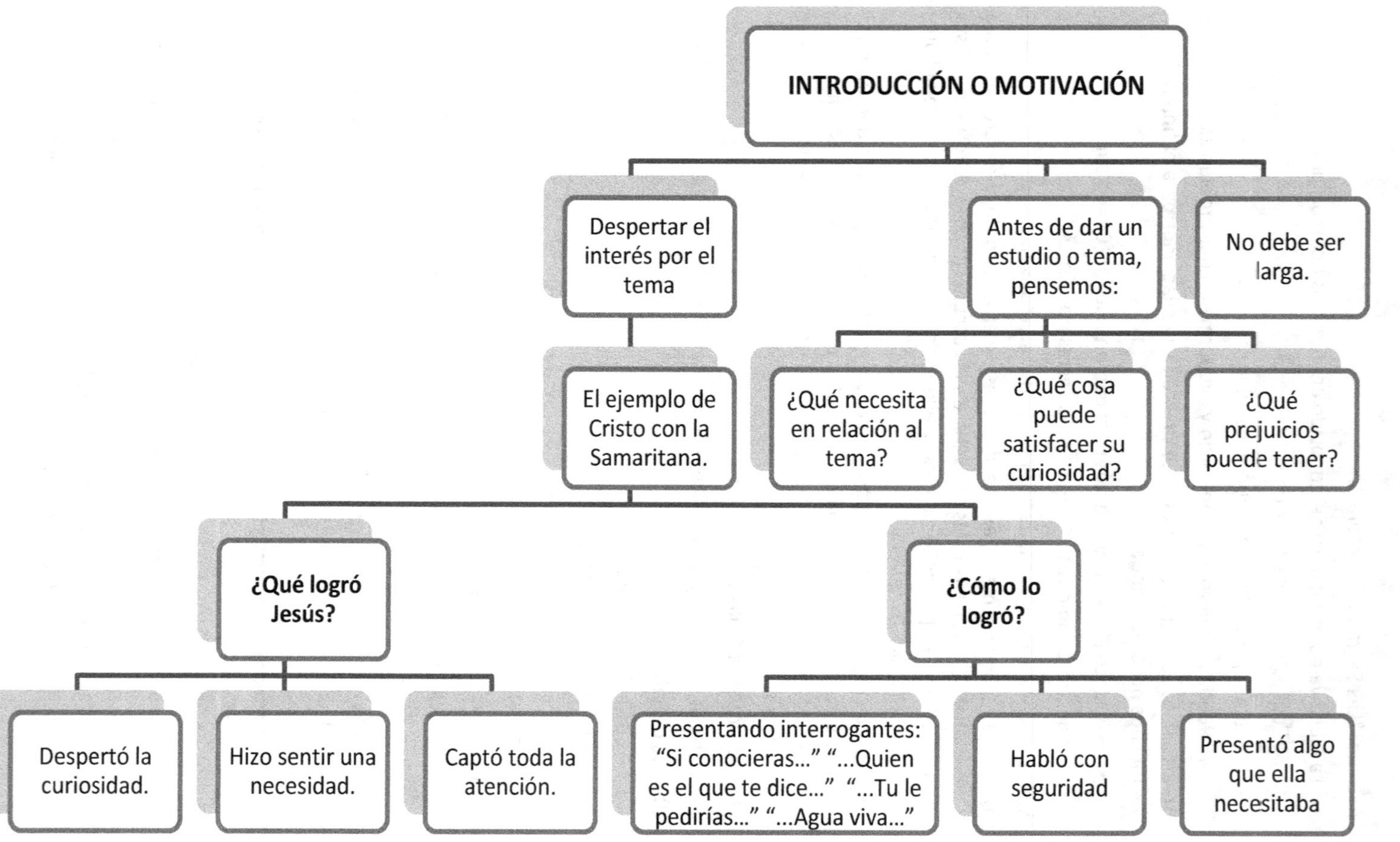

INTRODUCCIÓN O MOTIVACIÓN
Despertar el interés por el tema
Antes de dar un estudio o tema, pensemos:
No debe ser larga.
El ejemplo de Cristo con la Samaritana.
¿Qué necesita en relación al tema?
¿Qué cosa puede satisfacer su curiosidad?
¿Qué prejuicios puede tener?
¿Qué logró Jesús?
¿Cómo lo logró?
Despertó la curiosidad.
Hizo sentir una necesidad.
Captó toda la atención.
Presentando interrogantes: "Si conocieras..." "...Quien es el que te dice..." "...Tu le pedirías..." "...Agua viva..."
Habló con seguridad
Presentó algo que ella necesitaba

<table>
<tr><td>

¿QUÉ ELEMENTOS SE PUEDEN UTILIZAR EN LA INTRODUCCIÓN PARA CAPTAR LA ATENCIÓN Y PROVOCAR EL DESEO?

</td><td>

1. Una ilustración en la que aparece subrayada la necesidad que la persona pueda tener (temas 1,8)

2. Una noticia que cautive la atención. (Tema 11)

3. Una experiencia personal.

4. Algunas preguntas que despiertan el interés. (Temas 3, 6, 8, 12, 19)

5. Declaraciones alarmantes relacionadas con:
- La vivencia diaria de la gente (T. 2, 4)
- Sus deseos (T. 20)
- Sus mayores inquietudes. (T. 9, 23)
- Asuntos históricos culturales/religiosos. (T. 14)
- Aviven la curiosidad (T. 10)

6. Preguntas en contraste. (T. 16, 18)

7. Estadísticas (T. 13, 11)

8. Inquietudes religiosas. (T. 20, 21)

9. Conveniencias personales. (T. 26, 28)

10. Al terminar cada estudio debe despertarse en interés por el siguiente.

</td></tr>
</table>

7. DESARROLLO DE UN ESTUDIO BÍBLICO.

a) Debe tener una secuencia lógica, para que los oyentes puedan seguirnos. Los subtítulos debieran responder a las preguntas de orden lógico o similares, dependiendo del tema: qué, por qué, cómo y cuáles serán los resultados.

b) Cuando se presenta una serie de textos bíblicos sobre un tema, debiera presentarse primero en forma enfática la declaración más clara y positiva. Hay almas que se aferran a un texto que los ha impactado, más que una cantidad de material que no pueden retener.

"Unas pocas observaciones fuertes sobre algún punto de doctrina la fijarán en la mente con mucho más firmeza que si se presentara gran cantidad de elementos de los cuales nada se destaca en forma clara y distinta en la mente de los ignorantes de nuestra fe." (Ev.•   129).

c) Que nuestra voz sea melodiosa y fervorosa. Las palabras usadas deben ser sencillas, pero pronunciadas claramente.

Nehemías 8:8.

- "El que dirija estudios bíblicos en la congregación o en la familia, debe poder leer con voz suave, musical y cadenciosa, que encante a sus oyentes." (O.E. 90).

d) No desviarse del tema.

- Algunas veces el instructor se va por las ramas, desviándose del objetivo principal del tema, esto debe evitarse.

- Cuando surjan preguntas, hay que obrar con tacto; contestando en forma clara y de acuerdo a la misma.

- Puede contestarse en dos o tres frases y retomar el tema.

- Puede decirse que le responderemos al final.

- Puede sugerirse que ese tema lo estudiaremos a fondo en uno de nuestros estudios.

e) Cuando hay oponentes: Óbrese con calma. El que se enoja, es siempre el perdedor, aunque presente toda la verdad. La gente considera más nuestra conducta que nuestros argumentos.

- Asúmase una actitud humilde.

- Mantenerse en la afirmativa: Usar argumentos positivos, que se puedan probar. La mejor arma está en el: "Escrito está."

- Dejar que el Espíritu Santo nos dé las palabras.

- Nunca juzgar, condenar, ni acusar. Expongamos la verdad y ésta mostrará la diferencia.

8. PRESENTEMOS A JESÚS EN CADA TEMA

Cristo es el eje alrededor del cual gira todo.

a) Sólo así darán frutos las semillas sembradas.

"Hay quienes oyen la teoría de la verdad, y se sienten impresionados por las pruebas presentadas; entonces si Cristo es presentado como Salvador del mundo, la semilla sembrada brotará y dará fruto para gloria de Dios. Pero a menudo la cruz del Calvario, no es presentada a la gente. Puede ser que algunos estén escuchando el último sermón de su vida, y la áurea oportunidad sea perdida para siempre. Si Cristo y su amor redentor hubiesen sido proclamados en conexión con la teoría de la verdad, dichas personas podrían haber sido ganadas para él." (O.E. 166).

Análisis de un Estudio Bíblico

	Ejemplos
1. TEMA	• LA BIBLIA
2. TÍTULO	• RICO SIN SABERLO
3. OBJETIVOS	• QUE LA PERSONA CREA QUE LA BIBLIA ES INSPIRADA POR DIOS Y LA LEA CADA DIA
4. ARGUMENTOS DE MOTIVACIÓN DE INTRODUCCIÓN (ATENCIÓN)	• EN UN LUGAR DE TEXAS VIVÍA UN HOMBRE MUY POBRE. • ¿SABÍA USTED QUE ES POSEEDOR DE UN GRAN TESORO? • HOY VEREMOS UNA VISIÓN GENERAL SOBRE LA BIBLIA…
5. PARTES DEL TEMA	• EL ORIGEN LA BIBLIA • EL PROPÓSITO DE LA BIBLIA • LAS CINCO CLAVES…
6. TÓPICOS A ENFATIZAR	• CÓMO FUE DADA LA BIBLIA • EL AGENTE TRANSMISOR
7. MOTIVACIONES INTERNAS	• ILUSTRACIONES PARA INSPIRAR • COMPARACIONES GRÁFICAS
8. ILUSTRACIONES O RELATOS	• TEXAS, SECRETARIA, VOLTAIRE.
9. ILUSTRACIONES GRÁFICAS	• DIAPOSITIVAS O FRANELOGRAMAS
10. DECISIONES	• ACEPTAR LA BIBLIA COMO INSPIRADA POR DIOS. • ESTUDIARLA DIARIAMENTE.
OBSERVACIONES	• PREGUNTAR SI LA PERSONA ACEPTA LA BIBLIA COMO PALABRA DE DIOS. • EN PRÓXIMA VISITA PREGUNTAR SI HA LEÍDO LA BIBLIA.

b) Todas las verdades deben ser estudiadas a la luz que fluye de la cruz.

"El sacrificio de Cristo como expiación del pecado, es la gran verdad en derredor de la cual se agrupan todas las otras verdades. A fin de ser comprendida y apreciada debidamente, cada verdad de la Palabra de Dios, desde el Génesis hasta el Apocalipsis, debe ser estudiada a la luz que fluye de la cruz del Calvario. Os presento el magno y grandioso monumento de la misericordia y regeneración de la salvación y redención, el Hijo de Dios levantado en la cruz.

Tal ha de ser el fundamento de todo discurso pronunciado por nuestros ministros. " (O.E. 330)

c) Las profecías inclusive deben contener mensajes Crsistocéntricos.

"Dejad que hablen Daniel y el Apocalipsis, y digan cuál es la verdad. Pero sea cual fuere el aspecto del tema que se presente, ensalzad a Jesús como el centro de toda esperanza, 'la raíz y el linaje de David, la estrella resplandeciente de la mañana'." (T.M. 118).

"Deben mezclarse con las profecías lecciones prácticas de las enseñanzas de Cristo." (Ev. 129).

d) No sólo predicar a Cristo, sino imitar su carácter en nuestra manera de presentar.

"Es de lamentar que muchos no comprendan que la manera en que se presenta la verdad bíblica, tiene mucho que ver con las impresiones que hará en la mente, y con el carácter cristiano que desarrollarán más tarde los que reciban la verdad.

En vez de imitar a Cristo en su manera de trabajar, muchos son severos, inclinados a la crítica y autoritarios. Rechazan a las almas en vez de ganarlas. Los tales no sabrán nunca a cuántas almas débiles hirieron y desalentaron sus palabras duras." (Historical Sketches, 121).

9. ÉNFASIS

Sea en la lectura, la explicación o en la argumentación, debe colocarse el debido énfasis en los puntos principales.

a) En la lectura, respétese la puntuación, acentuación y los signos de pregunta y admiración: Una lectura deficiente dificulta la comprensión. Practíquese en voz alta respetando todos los signos ortográficos.

b) Si se lee un texto, puede imprimirse un poco más de carácter o fuerza a la voz, cuando se menciona la palabra o frase que responde a la pregunta formulada.

c) Cuando se explica un texto, no debe recalcarse sino la parte que responde a la pregunta en cuestión para no distraer la mente.

Ejemplo: Para explicar el origen de la Biblia preguntamos: ¿Por quién son inspiradas las Sagradas Escrituras? 2ª Tim 3: 16. Después de leer el texto, muchos dirían:

- Sí, la Biblia es inspirada por Dios-

- Es inútil para enseñar, el mejor libro de texto.

- Corrige nuestros errores.
- Nos enseña a obrar correctamente, etc.

Todo esto es verdad, pero si a la pregunta ¿Por quién son inspiradas las Sagradas Escrituras? respondemos todo esto, la mente se distraerá y la pregunta no quedará clara.

Énfasis significa: Recalcar y explicar lo que se desea probar en ese momento.

Sería la primera parte del texto: "Toda escritura es inspirada divinamente."

Puede explicarse lo que significa inspirada:

- Por ejemplo, si alguien toca la trompeta: Inspira: "Sopla dentro", así Dios colocó su palabra en la mente de los profetas
- Supóngase que usted escribe un libro, o una carta, pero emplea una secretaria para que ayude. Usted dicta y ella escribe; aunque para evitar redundancias, use alguna vez un sinónimo. ¿Quién es el autor de esa carta? ¿Usted o su secretaria?

Así el verdadero autor de la Biblia es Dios, pues el inspiró su palabra mediante el Espíritu Santo. Quizá sea necesario repetir el texto cuando hablemos del propósito de la Biblia. Entonces ya no recalcaremos que la Biblia es inspirada, sino que es útil para... y detallaremos las ventajas de su estudio.

d) Contrarrestaremos la distracción de quienes nos escuchan, haciendo interesante el tema, y observando si los oyentes pueden comprender lo que estamos presentando.

Para entender y retener mejor un tema, es necesario enriquecerlo con ilustraciones y ejemplos, así también como por representaciones gráficas. Más detalles sobre esto en el capítulo XIV.

• TÉCNICAS DE ÉNFASIS •

Escriba con fuego en la mente aquello que es fundamental que él entienda

Enfatizar la idea u objetivo principal por medio de:

LA PRONUNCIACIÓN
Respétese la puntuación, acentuación y signos. Imprimirse un poco más de carácter o fuerza a la voz. Haga una pausa en la voz.

Evitar la distracción concentrando la explicación en lo fundamental

Enriquecerlo con ilustraciones, ejemplos y experiencias personales

Enfatizar por repetición

Por representaciones gráficas. Escriba lo que quiera recalcar. Dibújelo.

10. CONCLUSIÓN

Todo estudio bíblico debe tener una terminación adecuada, denominada conclusión.

a) Se puede repasar en pocas palabras las partes elementales del tema. No un nuevo sermón, sino una aplicación práctica de esa verdad a nuestra propia vida.

b) Dirigir llamados fervorosos y ruegos persuasivos, a aceptar o aplicar lo aprendido.

c) Mostrar las bendiciones relacionadas al tema.

d) En cada tema debe lograrse una decisión, pues la suma de decisiones parciales, equivale a la decisión final.

e) La oración final debe contener una petición relacionada al tema.

f) Es necesario motivar o estimular el interés para el estudio siguiente.

g) Es conveniente retirarse pronto, para dejar la impresión del tema

---

Todo estudio bíblico debe tener una terminación adecuada, denominada conclusión

---

LA CONCLUSIÓN EN EL ESTUDIO BÍBLICO

a) Repasar en pocas palabras las partes elementales del tema. No un nuevo sermón.

b) Dirigir llamados fervorosos y ruegos persuasivos, a aceptar o aplicar lo aprendido.

c) Mostrar las bendiciones relacionadas al tema.

d) En cada tema debe lograrse una decisión, pues la suma de decisiones parciales, equivale a la decisión final.

e) La oración final debe contener una petición relacionada al tema.

f) Es necesario motivar o estimular el interés para el estudio siguiente.

g) Retirarse pronto, para dejar la impresión del tema

<table>
<tr><td>Consejos adicionales:</td><td>Los estudios bíblicos deben ser ilustrados</td></tr>
<tr><td></td><td>Dejar leer los textos bíblicos a los que saben leer bien.</td></tr>
<tr><td></td><td>Acompañar a hermanos y hermanas con experiencia en el arte de dar estudios bíblicos</td></tr>
<tr><td></td><td>Cada estudio bíblico tiene un objetivo de decisión. Sígase tras ese objetivo.</td></tr>
</table>

11. CÓMO CAUTIVAR LA ATENCIÓN AL DAR ESTUDIOS BÍBLICOS

a) Existen tres métodos de enseñanza:

1. Método recitativo: El instructor hace una pregunta tras otra y al leer los textos, da la respuesta mecánicamente.

2. Método discursivo: El instructor presenta el tema, sin dar participación a sus oyentes. Hay quienes lo denominan "Método embudo". Formula muy pocas preguntas, recurriendo casi por completo al sentido del oído, por lo tanto es bajo el porcentaje de retención y las impresiones no son duraderas. Este método es bueno para conferencias públicas, pero no el ideal para dar estudios bíblicos.

3. Método interrogativo o inductivo: El instructor logra que los alumnos descubran personalmente la verdad, formulándoles preguntas, bien hechas y bien pensadas, extrayendo lo que hay en él. En el método inductivo, se exponen los principales argumentos bíblicos, se dan ejemplos, se los compara y se llega a conclusiones. Se hace pensar y participar al alumno.

   Jesús usaba éste método, ya que en los Evangelios hay más de cien preguntas formuladas por El. ¿Qué hacéis de más?. ¿Quién decís que soy?. ¿Me amas más que éstos?. Son interrogantes que presentan un problema a la mente. Requieren cierta respuesta.

b) Úsese un vocabulario sencillo y acorde a la capacidad del oyente. Aclárese el significado de las palabras difíciles o bíblicas, (circuncisión, gentiles, temor de Dios, etc.) No siempre los interesados preguntan, por temor que se piense que son algo ignorantes.

c) Trate de entender a cada alma que visita e instruye.

   Existen dos métodos:

1. El subjetivo: Consiste en introducirse, por así decirlo, en los zapatos de otra persona, y tratar de imaginar cómo reaccionaría ante ciertas circunstancias. Trate de recordar situaciones semejantes que le hayan acontecido y pien-

se cuál hubiese sido la mejor actitud asumida. Jesús nos comprende, pues tomó la naturaleza humana. "El que trata de transformar a la humanidad, debe comprender a la humanidad. Solo por la simpatía, la fe y el amor, pueden ser alcanzados y elevados los hombres. En esto Cristo se revela como el Maestro de los maestros: De todos los que alguna vez vivieran en la tierra, él sólo posee una perfecta comprensión del alma humana... Habiendo participado de todo lo que experimenta la especie humana, no sólo podía condolerse de todo el que estuviera abrumado y tentado en la lucha, sino que sentía con él". (Ed. 78).

2. El objetivo: Este método consiste en observar las acciones de los demás para saber cómo piensan. Este método es indirecto y no puede ser descubierto por la persona que el instructor observa. Debemos evaluar si una persona es extrovertida o introvertida. Si es más bien pusilánime, pues le cuesta mucho expresarse, hay que tener cuidado en no formularle preguntas muy directas que puedan causarle problemas, o hacerlo sentir incómodo. El extrovertido no tendrá problemas en responder, aunque no sepa la respuesta correcta.

d) ¿Cómo captar la atención?

*   La atención es la dirección de la mente en relación con un tema u objetivo determinado.

El interés es la red de la mente para adquirir conocimientos. Se puede despertar. Cuanto más interés sepa crear el maestro, tanto mayor será la atención de sus oyentes, y más elevado el porcentaje de retención. Use la "MOTIVACION" tanto en la introducción como durante el tema:

1. Haciendo preguntas estimulantes que obliguen a pensar y despierten el interés.

2. Despertando la curiosidad.

    Ejemplo: Para estudiar sobre el tema de la muerte: Hay quienes piensan que cuando la persona muere va directamente al infierno. Otros dicen que van al mundo de los espíritus. Muchos aseveran que el espíritu del que muere se reencarna en un ser que nace. Hay quienes sostienen que los muertos nada saben hasta el regreso de Jesús. ¿Quién de todos, tiene la razón?.

3. Tocando asuntos que necesita nuestro oyente, que le inquietan o interesan, pues tienen un significado especial y personal para él.

4. Usando ilustraciones: Franelogramas, diagramas, cuadros sinópticos hechos en la pizarra o cartulina, murales, etc.

5. Usando ejemplos y relatos. Estos captan la atención de grandes y chicos, ayudando a la comprensión del tema. Más detalles, ver en el capítulo XIV.

e) Utilizar preguntas: Un estudio bíblico se diferencia de un sermón o de una conferencia, por la participación que tienen los oyentes en la exposición del tema.

Existen diversas clases de preguntas.

1. Retóricas: Ellas estimulan el pensamiento, pero no requieren un asentimiento verbal. Ej: La paga del pecado es la muerte, ¿no es cierto?. Puede ser respondida por una inclinación de cabeza, un amén, o el silencio más completo. Su propósito es poner énfasis en algo e inducir a la acción.

2. Elípticas: Es una pregunta incompleta, que hace el instructor y que terminan los alumnos. Ej: "La paga del pecado es..." (dice el maestro), y los alumnos responden: "la muerte". No es conveniente abusar de este sistema para no cansar a los oyentes.

3. Directas: Requieren información, se espera una respuesta. ¿Cuántos libros tiene la Biblia?.

   - Hay preguntas fáciles, basadas en verbos, que simplemente se responden con un sí o un no, o con un movimiento de cabeza. Pueden utilizarse de vez en cuando, para dar participación a personas muy tímidas, pero no es conveniente siempre, ya que no obligan a pensar mucho.

     Ej: Note las diferencias al preguntar: ¿Volverá pronto Jesús? o ¿Cuándo volverá Jesús?. ¿Están conscientes los muertos? o ¿Cuál es la condición del hombre en la muerte?

   - Las preguntas deben ser claras, ya que los alumnos no pueden leer sus pensamientos.

   - Deben ser cortas y sencillas, como eran las preguntas que formulaba Jesús.

   - Deben inducir a pensar. Desafía al alumno a dar evidencias que comprendió el tema.

   - Deben adaptarse al conocimiento y a la preparación intelectual de nuestros oyentes. Deben ser familiares para ellos.

   - Claro que no deben efectuarse únicamente preguntas. Deben explicarse los textos bíblicos, presentarse ejemplos, ilustraciones y argumentos tras argumento.

   - Es conveniente dejar leer los textos bíblicos especialmente a los que saben leer bien. Si no ha colocado el énfasis correcto, puede volver a leerlo el mismo instructor.

   - Es conveniente acompañar a hermanos y hermanas con experiencia en el arte de dar estudios bíblicos, observando todos estos detalles y luego salir y practicar, practicar y practicar. El Señor ha prometido su ayuda: "En tu boca he puesto mis palabras, y con la sombra de mi mano te cubrí..." (Is. 51: 16).

PARA DAR UN ESTUDIO BÍBLICO

a) Estúdiese bien el tema a presentar.

b) Averígüese si es posible: Nombre y apellido de la persona a entrevistar, religión y otros datos útiles.

c) Vístase decentemente en armonía con nuestros principios.

d) Sea exacto con el horario si ha marcado hora.

e) Haga un breve contacto, conversando unos minutos.

f) Dele importancia al hogar y a los niños.

g) No converse sobre política, problemas de la iglesia, ni asuntos que puedan producir diferencia de opiniones.

h) Tacto. No haga preguntas personales u ofensivas.

i) Motive al empezar para despertar el interés.

j) Aplique las verdades a la vida diaria.

k) Trate de unir a la familia.

l) No predique, haga preguntas.

m) No lo haga demasiado largo.

n) Frecuencia una o dos veces por semana.

o) Maneje la biblia con reverencia.

p) Haga un inductivo, deje que las personas saquen conclusiones.

q) Líbrese de prejuicios.

XIII. EL ORDEN DE LOS TEMAS

Esto es de vital importancia, ya que deben darse los temas de modo ordenado, para que el oyente pueda avanzar escalón por escalón hacia las alturas del conocimiento de la verdad presente.

1. EL ALIMENTO MÁS SOLIDO NO ES PARA INFANTES
1 Corintios 3:1-2

"Muchas almas están hambrientas del pan de vida. Su clamor es: 'Dadme pan; no me deis una piedra. Es pan lo que necesito'.

Alimentad a estas almas que perecen, que se mueren de hambre. Recuerden nuestros predicadores, que el alimento más sólido no ha de ser dado a los infantes que no conocen los primeros principios de la verdad como la creemos. En toda época el Señor ha tenido un mensaje especial para el pueblo de ese tiempo; de manera que nosotros tenemos un mensaje para el pueblo de esta época. Pero cuando tenemos muchas cosas que decir, podemos vernos obligados a retener algunas de ellas por un tiempo, porque la gente no está preparada para recibirlas ahora." (Ev. 149).

a) Muchos no podrían digerir las verdades decisivas, si no se coloca el fundamento con otras verdades elementales.

b) Proverbios 4: 18. Marcos 4: 28.

2. A TRAVÉS DE PREGUNTAS PUEDE CONOCERSE EL GRADO DE MADUREZ

Antes de llegar a la verdad del sábado debiera lograrse:

a) Establecer una relación de confianza, para quebrar los prejuicios y hacer receptivo al corazón la piedra de toque.

b) Asegúrese primero que la persona crea en la Biblia como la Palabra de Dios, la lea regularmente y sienta atracción por ella.

c) Que haya aceptado a Jesucristo como su Salvador personal y Señor.

d) Que crea en su venida y la vida eterna.

e) Que practique la oración, que es el aliento del alma. f) Que acepte la validez eterna de la ley de Dios.

3. LA LISTA DE TEMAS DEBE ADAPTARSE A LA PERSONA

a) Si el interesado es vivaz e investigador, le pueden interesar ciertas profecías.

b) Si es una persona de pocos alcances, o quizás enferma, le interesará algo más simple, pero que llene de esperanza.

4. VER LA MADUREZ ESPIRITUAL PARA PRESENTAR CIERTAS VERDADES

a) No es bueno perder mucho tiempo si el terreno está preparado.

b) Si falta madurez para cierto tema, puede intercalarse otro y así preparar la mente y el corazón del oyente.

c) Hay dos extremos:

1. El dar enseguida toda la verdad e indigestar al oyente.

2. El esperar demasiado para que la gente tome su decisión y tener miedo de presentar las verdades que nos identifican.

d) En todas las cosas se necesita un sistema. Establézcase la lista de temas al comenzar a dar los estudios bíblicos a una persona. Trácese un plan.

5. EJEMPLO DEL ORDEN DE TEMAS PARA QUIENES NO CONOCEN LA BIBLIA

a) Una alternativa:

1. Las Sagradas Escrituras.

2. ¿Quién dominará el mundo? Daniel cap. 2 (Si es una persona intelectual).

3. ¿Quién es Dios?.

4. La causa del sufrimiento. El problema del pecado.

5. El maravilloso plan de la salvación.

6. Tres pasos para ser salvos.

7. La fe y la oración.

8. Señales del fin del mundo.

9. El mayor suceso de la historia. (La segunda venida de Cristo).

10. El Milenio.

11. La Tierra Nueva.

12. La Ley de Dios.

13. La señal de Dios.

14. Las leyes ceremoniales.

15. El Anticristo.

16. Muerte y después qué?

17. El juicio.

18. Los 2.300 Días y el Santuario.

19. El Espíritu de la Profecía.

20. Lo que pertenece a Dios.

21. El Cristiano y su salud.

22. Normas de conducta cristiana.

23. La iglesia y sus ritos.

24. Cómo alcanzar el triunfo.

b) Si la persona tiene conocimientos bíblicos previos, conviene presentar el tema de las dos leyes antes del sábado.

c) Si la persona tiene poca preparación, conviene dejar el tema de los 2.300 días para después.

d) Si hay apuro de presentar el tema del Sábado para lograr una decisión más rápida, puede presentarse después el tema del milenio y la Tierra Nueva.

e) Los temas pesados o de decisión: Reforma Pro Salud, Diezmo, Normas Cristianas, etc. pueden ser intercalados con estudios más livianos, lecciones de la vida de Jesús, profecías etc., ampliándose las verdades ya presentadas.

6. EJEMPLO DEL ORDEN DE TEMAS PARA UN EVANGÉLICO CONOCEDOR DE LAS ESCRITURAS.

1. Daniel 2.

2. Daniel 7.

3. Apocalipsis 12 y 17.

4. Justificación por la fe.

5. Las dos leyes.

6. 10 - 1 = 0.

7. El descanso de Dios.

8. El día del sol.

9. Apocalipsis 13.

10. El Milenio.

11. La muerte.

12. Los 2.300 días.

13. La doctrina del Santuario.

14. El triple mensaje angélico y Apocalipsis 18.

15. La iglesia y sus ritos.

16. El Espíritu de Profecía.

17. Lo que pertenece a Dios.

18. El cristiano y su salud.

19. Normas cristianas.

20. Características de la verdadera iglesia.

a) Es conveniente presentar antes del sábado el tema de la justificación por la fe, para que vean que creemos en la salvación por gracia.

b) La inmutabilidad de la ley de Dios y las dos leyes deben ser dados también antes que las almas puedan resistir el contraataque de sus dirigentes religiosos.

c) Debe haber una relación de confianza. Haberse conquistado el corazón.

XIV. EL USO DE ILUSTRACIONES Y AUDIOVISUALES

1. ENSEÑE CON ILUSTRACIONES

"El maestro debería tener constantemente por blanco la sencillez y la eficiencia. Debería enseñar principalmente con ilustraciones, y aún al tratar con alumnos mayo-

Por el oído	30 %
Lo que se oye y lee	60 %
Mensajes que se oyen y ven (audiovisuales)	80%

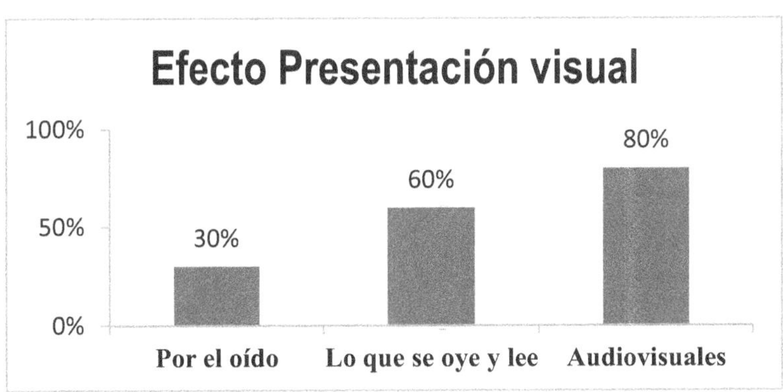

res, debería tener cuidado de hacer clara y sencilla toda explicación. Muchos alumnos de edad avanzada no son sino niños en entendimiento". (Ed. 228).

"Haced que vuestras ilustraciones sean evidentes de por sí. Por grande que sea el conocimiento de un hombre, no sirve para nada a menos que pueda comunicarlo a otros." (Ev. 132).

2. EL MÉTODO DE JESÚS ERA USAR PARÁBOLAS E ILUSTRA-CIONES

"Tenía tacto para tratar con los espíritus llenos de prejuicios, y los sorprendía con ilustraciones que conquistaban su atención. Mediante la imaginación, llegaba al corazón. Sacaba sus ilustraciones de las cosas de la vida diaria, y aunque eran sencillas, tenían una admirable profundidad de significado. Las aves del aire, los lirios del campo, las semillas, el pastor y las ovejas, eran objetos con los cuales Cristo ilustraba la verdad inmortal; y desde entonces, siempre que sus oyentes veían estas cosas de la naturaleza, recordaban sus palabras. Las ilustraciones de Cristo repetían constantemente sus lecciones." (Ev. 95).

3. EL EMPLEO DE CUADROS O LAMINAS ILUSTRATIVAS

El empleo de cuadros es sumamente eficaz para explicar las profecías que se refieren al pasado, al presente y al futuro."

"Se me ha dado instrucción clara y distinta en el sentido de que deben usarse cuadros en la presentación de la verdad."

"Me agrada la manera en que nuestro hermano (el pastor S) ha usado su ingenio y tacto para poder proporcionar ilustraciones adecuadas para los temas presentados: Representaciones que tienen un poder convincente. Tales métodos serán usados cada vez más en la terminación de la obra." (Ev. 152, 153).

4. EFECTO DE LA PRESENTACIÓN VISUAL DE LOS MENSAJES

En la presentación de cualquier mensaje, conviene mucho hacer uso del sentido de la vista juntamente con el oído.

a) La captación o retención de lo presentado rinde:

Por el oído	30 %
Lo que se oye y lee	60 %
Mensajes que se oyen y ven (audiovisuales)	80%

b) La gente presta mucha atención.

c) La gente comprende mucho mejor el mensaje.

5. LÁMINAS ILUSTRATIVAS PARA LOS ESTUDIOS BÍBLICOS

Cada instructor bíblico, debiera tener una carpeta con hojas plásticas, conteniendo figuras y diagramas para ilustrar los diversos temas. Puede ayudarse recortando revistas, fotocopiando láminas de libros o dibujándolos personalmente.

Es preferible que sea en colores.

Lo ideal sería una lámina para cada tema, pero lo mínimo que se necesitaría es:

- El plan de Salvación.
- La estatua de Daniel 2.
- Las bestias de Daniel 7
- El diagrama de los 2300 días.
- Apocalipsis 12 y 17.
- Las dos bestias de Apocalipsis 13.

Será mejor para explicar y más fácil de retener el tema si durante el estudio se puede señalar una figura.

Cuídese que el material se conserve siempre bien, dando así un ejemplo de orden y prolijidad.

Cuanto más grandes sean las láminas que se consigan sobre estos temas, será mejor, aunque para los estudios individuales, puede utilizarse un tamaño menor.

6. PROYECTOR DE VIDEO

Es un método apropiado, especialmente para reunir un pequeño grupo, ya sea en los hogares como en el evangelismo público. Es un sistema atrayente para la mayoría de las personas y facilita mucho la comprensión del tema.

a) Pueden usarse temas bíblicos ya preparados o fotografiar el material de libros.

b) Es conveniente explicar parte del mensaje sin proyección para lograr un contacto personal, aunque más no fuere una introducción, o intercalar de vez en cuando un tema sin PowerPoint.

c) Puede usarse al final de cada estudio a modo de repaso.

d) Recomendaciones oportunas sobre el manejo correcto del material y equipo:

- No debe moverse ningún proyector con la lámpara caliente para evitar que se dañe el filamento (recordemos que estas lámparas son muy delicadas y cuestan mucho dinero).

- El proyector siempre debe ser apagado con el mando a distancia, no con el interruptor de la pared o desconectando la corriente. No corte la corriente del proyector hasta que el ciclo de enfriamiento de la lámpara esté completo.

- Una vez que apague su proyector, espere al menos 10 minutos antes de volver a encenderlo para evitar daños a la lámpara.

- Cuanto más luminosidad (lumenes) tiene mejor se puede ver de día sin oscurecer demasiado.

7. EL USO DEL PIZARRÓN

¿Puede alguien imaginarse una escuela sin pizarrón? Sabemos que es una gran ayuda en la enseñanza.

- Una palabra clave.
- Un diagrama.
- Un pequeño dibujo.

Las pizarras blancas con fibras especiales, dan resultados excelentes.

8. TELAS PINTADAS

Desde los primeros años del Movimiento de Reforma, se utilizan las telas pintadas. Han sido y son una gran bendición para ilustrar diversos temas.

9. CARTELES DE CARTULINA, PAPEL O PVC

Es un método económico y útil. Sobre cartulina de colores, pueden pegarse figuras, escribirse letras, hacer diagramas, etc.

10. EL FRANELOGRAMA

a) Suele usarse para el evangelismo infantil, pero es útil en todo tipo de estudios y conferencias.

b) Consta de una placa terciada, o cartón prensado de franela u otra tela que adhiera fácilmente otra superficie áspera.

c) A las figuras o carteles de papel de cartulina o de papel, se le pega al dorso un material adhesivo apropiado, abrojos o simplemente lija de carpintero, o papel esmeril.

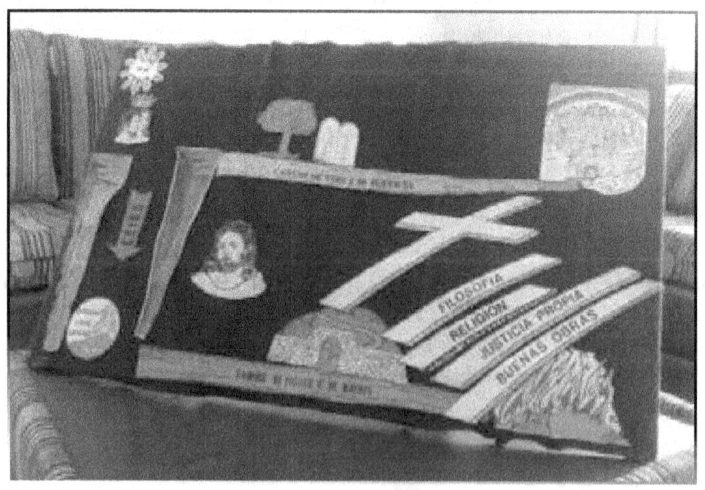

d) Durante la explicación se colocan sobre la superficie las figuras o carteles a medida que se van necesitando, las que quedan adheridas por el simple contacto.

e) El material es fácil de preparar. Recortando figuras, dibujando o escribiendo sobre papel o cartulina de diversos colores.

f) El franelógrafo y la pizarra portátil, pueden fabricarse personalmente, tomando tres trozos de cartón prensado, terciado o aluminio de 27 x 50 cm.. Se unen para hacer una especie de bisagra, pegando una cinta telada de uso múltiple.
De esta forma puede doblarse en tres, quedando cerrado del tamaño de 27 x 50 cm., abierto será de 50 x 80 cm. Del lado áspero se pega la tela que hace de bisagra y el paño lenci, franela, tela de jogging o pana sintética en la que se adhieren las figuras.

Dos pequeños agujeros y una cuerda de nailon son suficientes para colgarlo. Unir abajo las dos puntas con el pie inclinado para que no se cierre.

Pedagógicamente es uno de los sistemas ideales porque forma un esquema que va grabando en la mente del estudiante con gráficos los conceptos abstractos que se están estudiando.

Por ejemplo, para mostrar su dinamismo, en el tema del plan de salvación, el que se puede ver en la foto del franelograma abierto, tenemos a Adán y Eva, -el hombre- cómo Dios lo creó y lo puso en un camino de vida y de justicia. Al explicar la caída del hombre, tomamos la figura y la colocamos al final del abismo. Luego, lo ponemos en el camino de muerte, para luego colocarlos sobre la cruz-puente y finalmente lo colocamos en el camino de vida y de justicia, el hombre restaurado y salvo. Satanás lo colocamos luego en el fuego. La corona fue colocada sobre Adán y Eva representando el dominio que Dios les dio como don al ser creados; luego se la coloca sobre Satanás, representando el dominio que le arrebató en ocasión de la desobediencia. Luego, la colocamos sobre Jesús y al final, sobre el hombre nuevamente.

11. EL TELEVISOR

Se puede llevar el estudio bíblico en Jpg en un pendrive y mostrar en la pantalla de la televisión las ilustraciones del PowerPoint. También se pueden llevar videos y reproducirlos.

12. LA COMPUTADORA

Se pueden pasar las diapositivas a través de la computadora en el caso de no poseer proyector. Especialmente en el ambiente familiar, no siempre se justifica un proyector, basta la pantalla de la computadora o conectar la misma al televisor.

13. NO ES SIEMPRE NECESARIO DISPONER DE EQUIPOS CAROS

Para prosperar en la Obra Evangélica, cada Misionero Laico debe ser consciente de la importancia de usar ilustraciones de algún tipo y aprender a usarlas correctamente para tener el éxito deseado, uniendo estos recursos al trabajo fervoroso bajo la dirección del Espíritu de Dios.

XV. CÓMO LOGRAR DECISIONES

1. LAS ALMAS DEBEN SER INSTADAS A DECIDIRSE

"Es la obra del Espíritu Santo convencer a las almas de su necesidad de Cristo. Muchos están convencidos de pecado, y sienten su necesidad de un Salvador que perdona el pecado; pero están meramente insatisfechos con sus objetivos y blancos, y si no hay una aplicación resuelta de la verdad a sus corazones, si no se hablan las palabras en el momento debido, invitándolos a la decisión ante el peso de la evidencia ya presentada, los convictos siguen adelante sin identificarse con Cristo, se desvanece la áurea oportunidad, y no se han entregado y se apartan más y más de la verdad, se apartan de Jesús y nunca hacen su decisión por la causa del Señor."

"La gente ha de ser instada a decidirse precisamente ahora, a colocarse del lado del Señor." (Ev. 209, 210).

   a) Muchos están en el valle de la decisión, donde es necesario hacer apelaciones especiales, definidas y directas para inducirlos a deponer las armas de la lucha y tomar su posición al lado del Señor. (Testimonies I, 646).

   b) El lograr que las almas tomen decisiones a favor de la verdad es la obra más importante en el trabajo misionero. Hay quienes se esfuerzan hasta el cansancio en proclamar el mensaje, pero no logran decisiones. Deben revisar sus métodos, y unirse con Dios para ayudar a las almas.

2. DIOS DESEA EFECTUAR ESA OBRA UNIDO CON NOSOTROS

"En la obra de rescatar a las almas perdidas que perecen, no es el hombre el que efectúa la obra de salvarlas; es Dios quien trabaja con él. Dios obra y el hombre obra. 'Coadjutores somos de Dios'. Debemos trabajar en diferentes formas e idear métodos distintos permitiendo que Dios obre en nosotros para revelar la verdad y revelarlo a él como el Salvador que perdona el pecado."

"La conversión de las almas a Dios es la obra más grandiosa y más elevada en la cual los seres humanos pueden tomar parte. En la conversión de las almas, se revelan la tolerancia de Dios, su amor inconmensurable, su santidad y su poder. Toda verdadera conversión lo glorifica, y hace que los ángeles prorrumpan en cánticos. 'La misericordia y la verdad se encontraron : la justicia y la paz se besaron'." (Ev. 215, 216).

3. CUATRO MANERAS DE ACTUAR DEL ESPÍRITU SANTO EN LAS DECISIONES.

a) Sobre la mente de nuestros oyentes. Juan 16: 13.

"El Señor obra sobre las fuerzas humanas, haciendo que su Espíritu toque cuerdas invisibles, y la vibración alcance hasta la extremidad del universo." (Ev. 73).

b) Sobre el predicador:

"El ministerio del Espíritu Santo que obra en el alma es una gran necesidad. El Espíritu es completamente divino en los elementos que utiliza y en su demostración. Dios desea que tengáis dotes espirituales llenas de gracia; entonces trabajaréis con un poder que nunca antes conocisteis. El amor, la fe y la esperanza, se harán presentes en forma permanente. Podéis avanzar con fe, creyendo que el Espíritu Santo os acompaña."

"Es el Espíritu Santo el que hace que la verdad sea impresionante. Mantened la verdad práctica siempre delante de la gente." (Ev. 220, 221).

c) El Espíritu Santo concederá eficacia a nuestros esfuerzos.

"Si buscáis al Señor, descartando todo mal hablar y todo egoísmo, y continuáis perseverando en oración, el Señor se acercará a vosotros. Es el poder del Espíritu Santo lo que concede eficacia a vuestros esfuerzos y a vuestras invitaciones" (Ev. 211).

d) Convence de pecado. Juan 16: 8.

"Aunque no podemos ver el Espíritu de Dios, sabemos que los hombres que han estado muertos en la iniquidad y en los pecados, se convencen de sus faltas y se convierten bajo su influencia." (Ev. 213).

4. LA ORACIÓN POR LAS ALMAS: PODEROSO FACTOR DE DECISIÓN

"Cristo unió en su ministerio la oración con el trabajo. Dedicó noches enteras a la oración. Los ministros deben buscar a Dios para recibir su Espíritu Santo, a fin de presentar correctamente la verdad." (Ev. 71).

"Es únicamente en el altar de Dios donde apodemos encender nuestras antorchas con fuego divino."

"Los mensajeros de Dios deben pasar mucho tiempo con él, si quieren tener éxito en su obra." (O.E. 268).

a) Ejemplos bíblicos sobre el valor de la oración en la ganancia de almas:

1. Abraham por la salvación de Lot en Sodoma. Gén. 16: 23-33..

2. Moisés intercede por el pueblo. Ex. 32: 31-33.

3. Job por sus amigos. Job 42: 10.

4. Elías en el Monte Carmelo. 1ª Reyes 18: 36-37.

5. Ester y Mardoqeo. Ester 4: 16.

6. Jesús en su bautismo, y descendió el Espíritu Santo. Luc. 3: 21-22.

7. Jesús antes de elegir a sus discípulos. Luc. 6: 12-13.

8. Fue el secreto de su ministerio. Luc. 5: 15-16.

9. Jesús oró por Pedro. Luc. 22: 32-33.

10. Por sus seguidores hasta el fin del mundo. Juan 17.

11. Por sí mismo en Gethsemaní. Mat. 26: 39.

12. Los discípulos antes de recibir el Espíritu Santo. Hech. 1: 14. Resultado: 3000 almas en un día.

13. La iglesia por la liberación de Pedro. Hech. 12: 5.

14. Pablo y Silas en la cárcel. Conversión del carcelero de Filipo. Hec. 16: 25

15. Pablo por todos. Rom. 1: 9.

b) Debemos orar por todos los hombres. 1ª Tim. 2: 1.

c) El secreto del éxito de un pastor:

"Se cuenta lo siguiente acerca de una anciana del Lancashire que estaba escuchando las razones que sus vecinas daban para explicar el éxito de su pastor. Hablaban de sus dones, de su modo de hablar, de sus modales. Pero ella dijo:

• No; yo les voy a decir en qué consiste todo. Vuestro pastor pasa mucho tiempo con el Todopoderoso

Cuando los hombres sean tan consagrados como Elías y posean la fe que él tenía, Dios se revelará como entonces. Cuando los hombres eleven súplicas al Señor como Jacob, se volverán a ver los resultados que se vieron entonces. Vendrá poder de Dios en respuesta a la oración de fe." (O.E. 268, 269).

5. CON UNA MANO TOMADO DE CRISTO Y LA OTRA EXTENDIDA A LOS PECADORES

a) "Con una mano los obreros deben asirse de Cristo, mientras que con la otra deben tomar a los pecadores y acercarlos al Salvador."

"Tened fe y esperanza, y atraed, sí, atraed a las almas al banquete evangélico." (Ev. 216).

b) "Si tenemos el interés que tuvo Juan Knox cuando rogaba ante Dios por Escocia, tendremos éxito. El clamaba: '¡Dame a Escocia, oh Señor, o perezco!'. Y cuando nos hacemos cargo de la obra y luchamos a brazo partido con Dios, diciendo:

'Debo tener almas; nunca abandonaré la lucha', hallaremos que Dios mirará con favor nuestros esfuerzos." (Ev. 217).

6. SE NECESITA OSADÍA, AGRESIVIDAD Y DECISIÓN EN LA PRESENTACIÓN DE LA VERDAD

- "Ve por los caminos y vallados y fuérzalos a entrar para que se llene mi casa." Luc. 14: 23.

a) "Apreciado hermano, Ud. necesita más fe y más osadía y decisión en su trabajo. Necesita más empuje y menos timidez. Nuestra lucha es agresiva. Sus esfuerzos son demasiado débiles; Ud. necesita más fuerza en su trabajo, de lo contrario se verá frustrado por sus resultados. Hay ocasiones cuando Ud. debe cargar contra el enemigo. Debe estudiar para encontrar otros métodos para alcanzar a la gente. Vaya directamente hacia las personas y hable con ellas. Hágales comprender que tiene un mensaje que significa la vida, la vida eterna para ellos si lo aceptan. Si hay un tema que debería entusiasmar el alma es el de la proclamación del mensaje final de misericordia a un mundo que perece. Pero si la gente rechaza este mensaje encontrará que esto tiene un sabor de muerte para ellos. Por lo tanto hay que trabajar con diligencia para que sus labores no sean en vano. Ojalá que Ud. comprenda esto y que imponga la verdad a la conciencia con la ayuda del poder de Dios. Revista de fuerza sus palabras y haga que la verdad parezca indispensable a las mentes educadas." (Ev. 219, 220).

b) Evitar dos extremos:

"La verdad no debe ser ocultada, no debe ser negada ni disfrazada, sino reconocida plenamente y proclamada con osadía.

Existen dos extremos que deben ser evitados; uno consiste en rehuir declarar todo el consejo de Dios, siguiendo el espíritu de pastores oportunistas que en esta era claman: 'Paz, paz; y no han paz', y entretejiendo en sus labores un elemento que apela a los sentimientos, pero deja el corazón sin cambio alguno...

El segundo extremo consiste en azotar constantemente a la gente y hablarles de una manera ruda y no cristiana, de modo tal que los oyentes piensen que estáis enojados." (Ev. 208).

c) El peligro de que la convicción se desvanezca:

"Se necesita prudencia; pero aun cuando algunos de los obreros sean cautelosos y avancen lentamente, si no están unidos con ellos en la obra otros que vean la necesidad de ser agresivos, se perderá mucho; las oportunidades pasarán, y no se percibirá la providencia de Dios que abre las puertas.

Cuando las personas que están bajo la convicción no son inducidas a hacer una decisión en la primera oportunidad posible, hay peligro de que la convicción se desvanezca gradualmente..." (Ev. 220).

7. EL CENTRO DE TODA PRESENTACIÓN DEBE SER CRISTO, PARA LOGRAR DECISIONES

"Nuestras palabras, nuestra conducta, la manera en que presentamos la verdad, pueden inclinar a las gentes en favor o en contra de la verdad; y necesitamos en todo discurso, sea o no doctrinal, que Jesucristo sea presentado en forma definida, como Juan declaró: 'He aquí el Cordero que quita el pecado del mundo'."

Cristo debe estar entretejido en todo lo que sea de carácter argumentado, como la misma trama y urdimbre del vestido. Cristo, Cristo, Cristo ha de estar en aquello por doquiera, y mi corazón siente la necesidad de Cristo, me parece, como nunca antes la ha sentido." (Ev. 221).

"Los discursos teóricos son esenciales, a fin de que la gente pueda ver la cadena de verdad, que eslabón tras eslabón se une para formar un todo perfecto; pero ningún discurso debe predicarse jamás sin presentar a Cristo y a él crucificado como fundamento del Evangelio. Los predicadores alcanzarían más corazones si se explayasen más en la piedad práctica."

"En todo discurso deben hacerse fervientes llamados a la gente para que abandone sus pecados y se vuelva a Cristo."

"¡Ojalá pudiese yo disponer de un lenguaje suficientemente fuerte para producir la impresión que quisiera hacer sobre mis colaboradores en el Evangelio! Hermanos míos, estáis manejando las palabras de vida; estáis tratando con mentes capaces del más elevado desarrollo. Cristo crucificado, Cristo resucitado, Cristo ascendido al cielo, Cristo que va a volver, debe enternecer, alegrar y llenar de tal manera la mente del predicador, que sea capaz de presentar estas verdades a la gente con amor y profundo fervor. Entonces el predicador se perderá de vista, y Jesús quedará manifiesto.

Ensalzad a Jesús, los que enseñáis a las gentes, ensalzadlo en la predicación, en el canto y en la oración. Dedicad todas vuestras facultades a conducir las almas confusas, extraviadas y perdidas, al 'Cordero de Dios'. Ensalzad al Salvador resucitado, y decid a cuantos escuchen: Venid a Aquel que 'nos amó y se entregó a si mismo por nosotros.' Sea la ciencia de la salvación el centro de cada sermón, el tema de todo canto. Derrámese en toda súplica. No pongáis nada en vuestra predicación como suplemento de Cristo, la sabiduría y el poder de Dios. Enalteced la palabra de vida, presentando a Jesús como la esperanza del penitente y la fortaleza de cada creyente. Revelad el camino de paz al afligido y al abatido, y manifestad la gracia y perfección del Salvador." (O.E. 167, 167).

8. EN TODA PRESENTACIÓN DEBEN LOGRARSE DECISIONES.

a) Será más fácil una decisión final si se ha logrado en cada tema una decisión parcial.

Decisión de aceptar la Biblia + Decisión de aceptar a Jesús + Decisión de orar + Decisión de aceptar la ley de Dios + Decisión de guardar el Sábado + Decisión de prepararse para el bautismo = DECISIÓN FINAL.

b) Mezclar declaraciones positivas con ruegos persuasivos.

"Sed fervorosos y positivos al dirigiros a la gente.

Vuestro tema puede ser excelente, y el mismo que la gente necesita, pero haríais bien en mezclar declaraciones positivas con ruegos persuasivos...

"Presentad el claro 'así dice el Señor' con autoridad y exaltando la sabiduría de Dios en la Palabra escrita. Inducid a la gente a decidirse; mantened la voz de la Biblia siempre ante ellos. Decidles que habláis lo que sabéis y que testificáis de aquello que es verdad, porque Dios lo ha dicho. Sean vuestras predicaciones cortas y al punto, y al mismo tiempo exigid una decisión. No presentéis la verdad de una manera formal, mas permitid que el corazón sea vitalizado por el Espíritu de Dios, y que vuestras palabras sean dichas con tal certidumbre, que los que oyen sepan que la verdad es una realidad para vosotros." (Ev. 218).

"La gente ha de ser instada a decidirse precisamente ahora, a colocarse del lado del Señor." (Ev. 210).

"Inducid a la gente a pensar que hay vida o muerte en estas solemnes cuestiones, según que las reciban o las rechacen. Al presentar verdades decisivas, preguntad a menudo quién está dispuesto ahora, después de haber oído ellos las palabras de Dios, y después de haberles señalado su deber, a consagrar a Cristo Jesús sus corazones y sus mentes con todos sus afectos." (Ev. 211).

c) Quizás sea la última oportunidad.

"Algunas personas pueden estar escuchando su último sermón, y otras nunca más estarán en una situación donde podrán recibir la explicación de la cadena de la verdad y donde se hará una aplicación práctica de ella a su vida."

"Con la unción del Espíritu Santo, que le dé una preocupación por las almas, no despedirá a la congregación sin presentar ante ella a Jesucristo, el único refugio del pecador, haciendo un fervoroso llamamiento que llegue al corazón de los oyentes. Debe pensar que tal vez no habrá de encontrarse nunca más con estos oyentes hasta el gran día del Dios Todopoderoso."

" En todos los discursos debieran efectuarse fervorosos llamamientos a los oyentes para que abandonen sus pecados y se vuelvan a Cristo." (Ev. 207, 208).

9. ES CONVENIENTE USAR UNA TARJETA DE INTERESADOS

Un registro donde se anotan los estudios dados y decisiones logradas.

a) Las decisiones básicas y progresivas que deben lograrse son las siguientes:

1. Creer en la Biblia y leerla regularmente.

2. Aceptar a Jesús como Salvador y Señor.

3. Creer en su venida y estar dispuesto a prepararse.

4. Practicar la oración personal.

5. Aceptar la validez de los diez mandamientos.

6. Comenzar a guardar el sábado.

Ficha de interesados

Nº

Anexar Nº

Apellido, Nombre: ___________________________________

Domicilio: ____

Tel: ___________________ Celular: _________________

E-mail: ____

Edad: (15-25) (26-35) (35-50) (50-65) (+65)

Familiares: ___________________(__________)

___________(__________)___________________(__________)

Origen religioso: __________ Contactado Por: ____________

Hno/a: _____________________________________

Visitas: _______ Asistió: Iglesia   Curso Cocina   Conferencias
Congresos   Otros

- -

Estudios bíblicos recibidos

Fecha de inicio:____
Curso:__________

1 2 3 4 5 6 7 8 9 10 11 12 12a 13 14 15 16
17 18 19 20 21 22 23 24 25 26 27 28 29 30

Horario de visitas: _______________ Literatura dada: ________

Decisiones: ☐Biblia ☐Jesús ☐ Venida ☐ Oración ☐ Ley
☐ Sábado ☐ Muerte ☐ Bautismo ☐Esp. Profecía
☐ Ref. Salud ☐Mayordomía

Observaciones:

7. Practicar la temperancia cristiana. Reforma pro-salud.

8. Aceptar la mayordomía cristiana..

9. Ser testigo de Cristo presentando la verdad a otros.

10. Prepararse para el bautismo y ser bautizado.

b) Debe ayudarse a la gente a comprender las verdades vitales progresivamente.

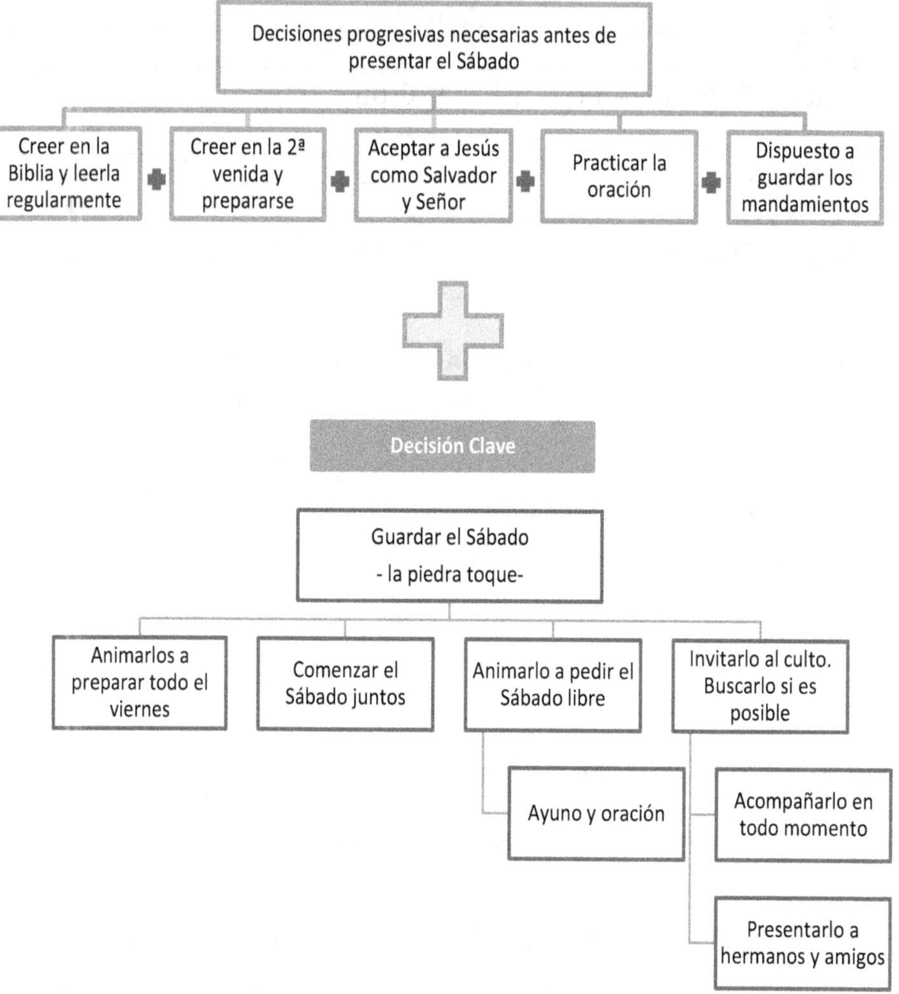

"No son discursos floridos lo que se necesita, ni un desbordamiento de palabras sin sentido. Nuestros predicadores han de predicar de una manera que ayude a la gente a comprender la verdad vital." (O.E. 161).

c) No errar el blanco:

"La obra para este tiempo debe ubicar a los alumnos y a los obreros en un lugar donde traten con los temas en forma seria, solemne y sencilla, para que no haya tiempo mal empleado en esa gran obra. No erréis el blanco. El tiempo es demasiado corto para revelar todo lo que debía conocerse; se requerirá la eternidad para conocer la extensión y la profundidad de las Escrituras. Hay verdades que tienen más importancia para unas almas que para otras. Se necesita habilidad para educar en el conocimiento de las Escrituras." (Ev. 219).

Cada iglesia debe llevar un fichero de interesados, ex interesados, contactos de los colportores y contactos misioneros de los hermanos. Este archivo de contactos se usa para invitar a ocasiones especiales: congresos, conferencias, seminarios y otras actividades que desarrolla la iglesia.

Es fundamental porque el Espíritu Santo va actuando en los corazones. Personas que no se han decidido hoy, pueden decidirse mañana. Debemos invitar a la gente al banquete del evangelio.

10. A TRAVÉS DEL DIÁLOGO PERSONAL AVERIGUAR QUÉ PIENSA EL OYENTE Y AYUDARLE EN SU DECISIÓN

a) "Al terminar las reuniones, debe haber una investigación personal sobre el terreno con cada uno. A cada uno se le debe preguntar cómo piensa tomar estas cosas, y si se propone hacer una aplicación personal de ellas. Entonces debéis vigilar y observar si éste o aquél manifiesta interés. Cinco palabras que se les hable en privado, harán más que todo lo que el discurso ha hecho." (Ev. 211).

b) Las preguntas deben ser hechas con tacto y con el amor de Cristo en el corazón.

Algunas preguntas a modo de ejemplo son:

1. Después del estudio Nº 1 sobre la Biblia.

- En base a lo que hemos considerado, ¿a qué conclusiones ha llegado Ud. con respecto a la Biblia?

- ¿Piensa dedicarle todos los días algunos minutos para leerla?

2. Con respecto a la Segunda Venida de Cristo.

- ¿Cree Ud. que la crisis en todos los órdenes que afecta a nuestro mundo, tiene alguna relación con el regreso de Jesús?

- ¿Cree Ud. que es importante estar siempre preparado?

3. Sobre la salvación y aceptación de Jesús.

- Sr.... ¿Se da cuenta de lo que Cristo quiere hacer por usted?

- Cristo dejó el cielo y murió en la cruz para darle el regalo de la vida eterna. ¿Quiere recibir ese regalo?

- Después de haber explicado lo que significa aceptar a Jesús como Salvador personal y Señor de su vida; de hacer un acuerdo con el y recalcar las bendiciones que él desea conferir.

  Sr.... ¿Quiere Ud. abrir la puerta y darle la bienvenida ahora mismo?

- El Señor dice que "donde hay dos o tres reunidos en mi nombre, allí estoy en medio de ellos". (Mat. 28: 20).

LA OBRA DE DIOS EN LA DECISION DE LAS ALMAS

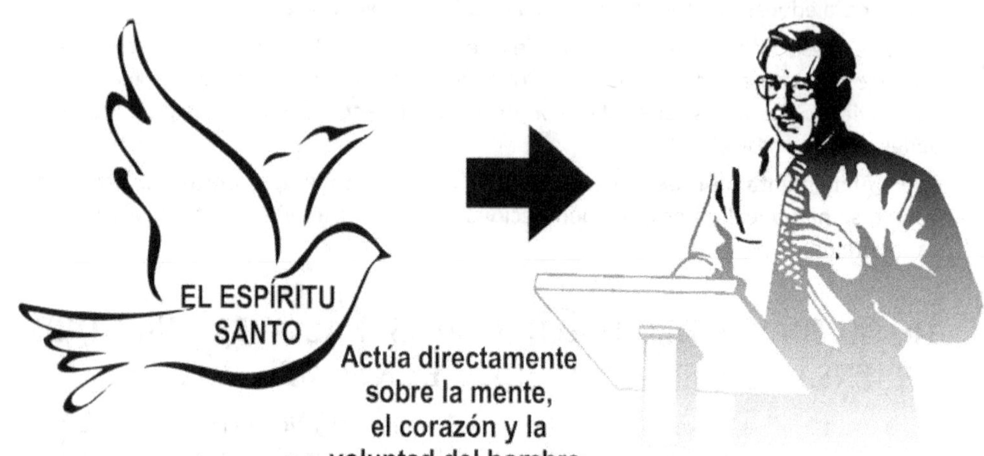

Una exposición clara y lógica adaptada a la capacidad de recepción. Un blanco definido en la enseñanza.

Deben hacerse apelos directos a la decisión. Debe dejarse que haga su libre elección. Despertar el deseo de obedecer. Orar mucho por las decisiones. Ayudar a dar el paso.

La presentación constante de Cristo y de su amor. Nuestro amor y simpatía deben ser contagiantes. Cada uno debiera experimentar:
- El perdón.
- El gozo de la salvación.
- La seguridad.

El está con nosotros ahora, y podemos hablarle mediante la oración. Yo oraré y le diremos al Señor lo que Ud. me ha dicho ahora, si desea, puede repetir mis palabras en voz baja. ¿Cómo le parece?

4. Sobre la oración: Después de un estudio claro sobre el tema.

- ¿Ha practicado Ud. alguna vez la oración?
- ¿Se da cuenta de lo hermoso que es poder hablar a Dios como a un amigo y volcarle nuestro corazón?
- Comience hoy mismo, antes de dormir, hable con Dios en oración, y mañana al despertar nuevamente. ¿Qué le parece?

5. Sobre la ley de Dios.

- En base a lo que hemos estudiado, ¿cuál es su conclusión personal? ¿Son válidos los 10 mandamientos para nuestros días?
- ¿Podemos descartar algunos de los mandamientos que Dios escribió con su propio dedo en las tablas de piedra?
- ¿Está dispuesto a pedirle fuerzas a Dios para guardarlos?

6. Sobre el Sábado:

- ¿Le queda alguna duda o pregunta sobre la validez de la observancia del Sábado para nuestro tiempo?
- Después de describir las bendiciones del Sábado y lo hermoso que es guardarlo:

  Está dispuesto a hacer planes para dedicar ese día a Dios?
- ¿Le toca trabajar los Sábados o tiene libre?
- Después de recalcar las promesas de Dios. Sal. 37:3, 5, 25; Mat. 6:33; Isa. 65:13.

  Deseo apoyarlo a través de la oración, cuando Ud. hable con su jefe al respecto.

  ¿Hay posibilidades de que lo logre entrevistar esta semana?
- Me gustaría enseñarle como se comienza el Sábado, el viernes a la puesta del sol. ¿Podría venir para que hagamos una breve meditación a esa hora?
- Nosotros nos reunimos los Sábados como lo hacía Jesús (Luc. 4: 16) y tenemos una hermosa reunión cristiana. Un estudio bíblico profundo, con participación de todos con preguntas y respuestas y luego escuchamos una reconfortante predicación de la palabra de Dios.

Me sentiría muy feliz contar con vuestra compañía este próximo Sábado por la mañana. ¿Puedo pasar a buscarlo?

c) Una persona sólo podrá hacer decisiones sobre un tema si lo ha comprendido plenamente. Una decisión apresurada o forzada no tiene valor, pues no será duradera. El objetivo de las preguntas no debe ser presionar, sino ayudar a las almas a decidirse.

- Debe haber MADUREZ ESPIRITUAL para ciertos temas. Discernir el momento apropiado tanto para presentar una verdad como para lograr una decisión.

- No tendría valor hablar del Sábado si la persona no ha aceptado previamente a Cristo. No tendrá fuerzas para guardar la ley de Dios.

11. PARA LOGRAR DECISIONES DEBE APELARSE A TRES ELEMENTOS DEL SER HUMANO

- La Mente o la razón: es necesaria para una clara comprensión del mensaje.

- El Corazón o el sentimiento: desarrollar amor, entusiasmo y simpatía hacia el mensaje.

- La Voluntad: Fortalecer la voluntad; apelar a la decisión.

a) "Ni siquiera la muchedumbre que con tanta frecuencia seguía sus pasos era para Cristo una masa confusa de seres humanos. Hablaba y exhortaba directamente a cada mente y se dirigía a cada corazón. Observaba los rostros de sus oyentes, notaba cuánto se iluminaban, notaba la mirada rápida y comprensiva que revelaba que la verdad había llegado al alma, y en su corazón vibraba en respuesta una cuerda de gozo afín." (Ed. 227).

"Jesús vigilaba con profundo fervor los cambios que se veían en los rostros de sus oyentes." (D.T.G. 220).

b) La mente debe ser alcanzada a través de una clara y metódica presentación de la verdad. Las preguntas y objeciones surgidas sobre el tema deben ser respondidas con un claro "así dice Jehová". Un tema formará la base del otro, por eso es necesario un orden adecuado de estudios. Avanzar paso a paso.

- Estúdiese detenidamente en el capítulo V, "5 llaves para alcanzar la mente".

c) El corazón o el sentimiento deben ser alcanzados...

- para quebrar los prejuicios.

- para que actúen con alegría en la vida cristiana.

- para desarrollar el amor hacia Dios, hacia Jesús, nuestros semejantes y a la Ley de Dios.

- La mente se cierra, cuando se cierra el corazón.

- Hay posibilidad de perder la influencia si no hemos conquistado el corazón.

- Ni los intelectuales decidirán por la mente. El sentimiento influye poderosamente en las decisiones.

"El aceptar el credo de una iglesia no es de ningún valor para ninguna persona si el corazón no experimenta un verdadero cambio...

...Debemos tener más que una creencia intelectual en la verdad. Muchos de los judíos estaban convencidos de que Jesús era el Hijo de Dios, pero eran demasiado orgullosos y ambiciosos para entregarse. Decidieron resistir la verdad, y mantuvieron su oposición. No recibieron la verdad en su corazón así como es en

Jesús. Cuando la verdad es considerada como la verdad únicamente por la conciencia; cuando el corazón no es estimulado y hecho receptivo, la mente resulta afectada solamente. Mas cuando la verdad es recibida como verdad por el corazón, ha pasado por la conciencia y ha cautivado el alma con sus principios puros.

Es colocada en el corazón por el Espíritu Santo que revela su hermosura a la mente, para que su potencia transformadora se manifieste en el carácter." (Ev. 215).

"Hablad al pecador con vuestro propio corazón desbordando del tierno y piadoso amor de Cristo. Haya profundo fervor, pero no tonos ásperos y fuertes en la voz del que está tratando de ganar al alma para que mire y viva." (Ev. 220).

- Estúdiese en el capítulo V, "5 llaves para abrir el corazón".

d) Despertar el gozo en Cristo.

- Seguridad del perdón.

- Seguridad de ser Hijo o Hija de Dios.

- El gozo de la Salvación.

- El gozo de la obediencia.

e) Lo más importante es alcanzar el corazón y la voluntad.

"La percepción y apreciación de la verdad, dijo, dependen menos de la mente que del corazón. La verdad debe ser recibida en el alma; exige el homenaje a la voluntad. Si la verdad pudiese ser sometida a la razón sola, el orgullo impediría su recepción. Pero ha de ser recibida por la obra de gracia en el corazón; y su recepción depende de que se renuncie concienzudamente a toda costumbre y práctica opuestas a sus principios."

"Los fariseos no habían puesto su voluntad de parte de la voluntad de Dios. No estaban tratando de conocer la verdad, sino de hallar alguna excusa para evadirla; Cristo demostró que ésta era la razón por la cual ellos no comprendían su enseñanza." (D.T.G. 419, 420).

f) No debe haber compulsión. Debemos despertar el amor hacia Jesús y estimular la voluntad. La decisión debe ser hecha bajo la influencia del Espíritu Santo.

"En la obra de la redención no hay compulsión. No se emplea ninguna fuerza exterior. Bajo la influencia del Espíritu de Dios, el hombre está libre para elegir a quien ha de servir. En el cambio que se produce cuando el alma se entrega a Cristo, hay la más completa sensación de libertad. La expulsión del pecado es obra del alma misma. Por cierto, no tenemos poder para librarnos nosotros mismos del dominio de Satanás; pero cuando deseamos ser libertados del pecado, y en nuestra gran necesidad clamamos por un poder exterior y superior a nosotros, las facultades del alma quedan dotadas de la fuerza divina del Espíritu Santo y obedecen los dictados de la voluntad, en cumplimiento de la voluntad de Dios." (D.T.G. 431, 432).

12. LA INFLUENCIA DE LA VOZ EN LAS DECISIONES:

Sentimiento en la voz.

"Por grande que sea el conocimiento de un hombre, no sirve para nada a menos que pueda comunicarlo a otros. Dejad que lo patético de vuestra voz, su profundo sentimiento, haga su impresión en los corazones. Instad a vuestros alumnos a entregarse Dios." (Ev. 132).

a) "Cuanto más expresión se pueda poner en las palabras de verdad, tanto más eficaces serán esas palabras para los que escuchan. Una debida presentación de las verdades del Señor es digna de nuestros esfuerzos más intensos." (Ev. 483).

b) Evítense gritos y voces disonantes.

"Algunos destruyen la solemne impresión que podrían haber hecho sobre la gente al levantar la voz hasta un tono muy alto y al presentar la verdad con gritos o tonos de voz similar a un chillido. Cuando se la expone en esta manera, la verdad pierde mucho de su dulzura, de su fuerza y solemnidad. Pero, si el tono de la voz es correcto, si es solemne, y está modulado de tal manera que llega a ser conmovedor, producirá una impresión mucho mejor.

Este era el tono con el que Cristo enseñaba a sus discípulos. Los impresionaba con solemnidad; hablaba en forma conmovedora. Pero, ¿cuál es el beneficio del griterío? No proporciona a la gente ninguna visión más exaltada de la verdad y no la impresiona más profundamente. Tan sólo provoca una sensación desagradable en los oyentes y agota los órganos vocales del orador. El tono de la voz tiene mucho que ver para impresionar los corazones de los oyentes." (Ev. 483).

13. EL MOMENTO CLAVE DE DECISIÓN

Es cuando se ha presentado la verdad del Sábado. Ya han sido logradas decisiones preliminares.

El interesado:

- Cree y lee la Biblia.
- Aceptó a Jesús como su Salvador personal y Señor de su vida.
- Practica la oración.
- Acepta la inmutabilidad de la Ley de Dios.

Al presentar el tema del Sábado debe destacarse:

a) Una clara presentación de las verdades bíblicas.

b) Una clara explicación a las posibles objeciones y preguntas.

c) Describir lo hermoso que es guardar el Sábado, excitando el deseo de guardarlo.

- La paz espiritual al saber que obedecemos a Dios.
- No hablamos de problemas.
- La mujer tiene todo listo, también descansa.
- Un día para Dios y la familia.

- La casa y la familia parece vestirse de fiesta.
- El gozo de la fraternidad cristiana, etc..

d) Presentando a Cristo y nuestro amor y obediencia hacia él como argumento central.

e) Dirigir un apelo fervoroso y directo a guardar el próximo sábado.

f) Fortalecerlo con experiencias personales, destacando las bendiciones recibidas por ser fiel.

g) Animar a preparar todo el viernes.

h) Ofrecer una visita el viernes a la puesta de sol para enseñar cómo comenzar el Sábado.

i) Animarlo a pedir el Sábado libre, si trabaja, y acompañarlo en ayuno y oración.

j) Léase las promesas de la Palabra de Dios.

k) Invitarlo para el culto. Si es posible, buscarlo en su hogar.

l) Al llegar a la iglesia, acompañarlo en todo momento, suministrándole la lección, el himnario, etc. Luego presentarlo a nuestros hermanos y amigos de la fe.

m) Estar en guardia frente a la oposición de sus guías religiosos anteriores, colegas de trabajo, familiares o el desánimo generado por la oposición.

14. LA REFORMA PRO SALUD

Puede prepararse el terreno convenientemente si se introduce el tema de la salud en las conversaciones, desde las primeras entrevistas, y se va desanimando lentamente el consumo de carne, tabaco, café, té, mate, alcohol, etc. desde el punto de vista netamente físico; será más fácil la aceptación posterior de esa verdad.

De todos modos, es conveniente que los interesados estén guardando el Sábado antes de presentar con énfasis el tema de la Reforma Pro Salud, el diezmo, la moda, etc. Véase la madurez espiritual para presentar cada mensaje.

15. COMO HACER LLAMADOS PÚBLICOS

"La gente ha de ser instada a decidirse precisamente ahora, a colocarse del lado del Señor" (Ev. 210).

a) Hay dos clases de llamados que pueden efectuarse desde el púlpito:

1. Improvisados: Cuando somos constreñidos por el Espíritu Santo a dirigir un llamado.

2. Progresivos: Cuando tratamos de lograr decisiones definidas en forma progresiva.

b) Cada mensaje debe contener llamados a la decisión o aceptación del tema presentado, pero no siempre se pide que expresen su opinión públicamente. Son apelos a la conciencia.

c) Decisiones para dirigir llamados de altar después de presentar los temas respectivos.

   1. Aceptar a Jesús como Salvador personal y Señor de su vida.

   2. Hacer planes para guardar el Sábado.

   3. Prepararse para el bautismo.

d) Las demás decisiones pueden averiguarse a través del diálogo personal.

e) Hay diversas maneras de pedir una decisión:

   1. Levantando la mano.

   2. Marcar su decisión en un papel.

   3. Ponerse de pie.

   4. Ir hasta el público.

f) A los laicos se recomienda obtener las decisiones una por una (Isa. 27:12) o
simplemente pedir que levanten la mano ya que los llamados a pasar al frente
requieren cierta experiencia y técnica especial.

g) El trabajo público sin contactos personales, da muy escasos resultados. "Cinco
palabras que se les hable en privado, harán más que todo el discurso oído." (Ev.
211).

16. CONCLUSIÓN

- Búsquese la consagración personal, y háganse fervientes oraciones por las
  almas.

- Manténgase a menudo un diálogo franco con interesados, averiguando la
  aceptación, decisión u objeciones.

- Presente a Cristo en toda doctrina.

- Preséntese claramente la verdad con convicción de corazón.

- Conquístese el corazón de cada oyente por nuestra simpatía e interesándose
  en sus problemas y supliendo sus necesidades.

- Háganse apelos fervorosos.

- La obra de convertir los corazones pertenece únicamente al Señor. Nosotros
  somos simplemente sus colaboradores e instrumentos.

- Relatese nuestra experiencia personal con Dios.

- Preséntese la verdad en los términos más seductores. Léase las promesas de
  la Biblia. Hágase desear la salvación.

- Trate de conseguir asentimientos progresivos, una decisión a cada tema,
  para luego conseguir una decisión final.

XVI. COMO CONFIRMAR Y CONSERVAR A LOS NUEVOS CONVERSOS

1. LOS RECIÉN CONVERTIDOS NECESITAN CUIDADO, ATENCIÓN VIGILANTE, AYUDA Y ESTÍMULO

"Después que las personas se han convertido a la verdad, es necesario cuidarlas. El celo de muchos ministros parece cesar tan pronto como cierta medida de éxito acompaña sus esfuerzos. No se dan cuenta de que muchos recién convertidos necesitan cuidados, atención vigilante, ayuda y estímulo. No se los debe dejar solos, a merced de las más poderosas tentaciones de Satanás; necesitan ser educados con respecto a sus deberes; hay que tratarlos bondadosamente, conducirlos, visitarlos y orar con ellos. Estas almas necesitan el alimento asignado a su debido tiempo... Deben haber más padres y madres que reciban en su corazón a estos niños en la verdad, y los estimulen y oren por ellos, para que su fe no se confunda." (Ev. 258/2-3).

a) Es responsabilidad de la iglesia.

"Hay que tratar con paciencia y ternura a los recién llegados a la fe, y los miembros más antiguos de la iglesia tienen el deber de encontrar la forma de proporcionar ayuda, simpatía e instrucción para los que han salido de otras iglesias por amor a la verdad, y que en esta forma se han separado de la obra pastoral a la que habían estado acostumbrados. La iglesia tiene la responsabilidad de asistir a esas almas que han ido en pos de los primeros rayos de luz recibidos; y si los miembros de la iglesia descuidan este deber serán infieles al cometido que Dios les ha dado." (Ev. 258/1).

b) Un plan de custodia.

"Todos somos miembros de una sola familia en Cristo. Dios es nuestro Padre y espera que nos interesemos en los miembros de su familia; pero no desea que manifestemos un interés casual, sino un interés decidido y continuo... Si un miembro de la familia de Cristo cae en tentación, los demás deben velar por él con bondadoso interés, para detener los pies que comienzan a descarriarse por senderos falsos y para ganarlo a una vida pura y santa. Dios requiere que cada miembro de su familia realice este servicio... Esto también es obra misionera, y ayuda tanto a los que la realizan como a las personas por quienes se hace... Si son pobres y necesitan alimento y vestido, atended a sus necesidades temporales tal como lo hacéis con sus necesidades espirituales. En esta forma seréis una doble bendición para ellos" (Ev. 259/2-3).

2. DEBEN SER INSTRUIDOS CUIDADOSAMENTE

a) Mediante estudios bíblicos.

"Los nuevos creyentes deben ser instruidos cuidadosamente para que posean un conocimiento bien fundado acerca de los distintos aspectos de la obra encomendada a la iglesia de Cristo... Más tiempo debe dedicarse a educar pacientemente a los demás, dando a los creyentes la oportunidad de expresarse. Es instrucción lo que muchos necesitan, línea sobre línea, precepto sobre precepto, aquí un poco y allá otro poco." (Ev. 249/1; 248-249).

b) Es conveniente que existan clases de Escuela Sabática especiales para almas interesadas, a cargo del pastor o de un obrero experimentado.

- Para adaptar los temas al grado de madurez de las visitas.

- Cuando no sea posible hacer una clase especial, deberán ser aclaradas, mediante preguntas y respuestas adecuadas, aquellas cosas que ignoran las almas nuevas. Muchas veces se responde simplemente: El hijo pródigo, el centurión romano, Daniel en el foso de los leones, etc. pero los interesados desconocen estas historias, mencionadas al pasar en nuestra lección. Alguien debiera relatar la mencionada historia en forma muy resumida.

c) Deben hacerse clases bautismales.

" Las personas que han sido convencidas por la verdad necesitan que se las visite y que se trabaje por ellas. Los pecadores requieren que se haga por ellos una obra especial para que se conviertan y sean bautizados." (Ev. 226).

"La preparación para el bautismo es un asunto que necesita ser considerado cuidadosamente. Los nuevos conversos a la verdad deben ser fielmente instruidos en el sencillo 'Así dice el Señor'. La palabra del Señor ha de ser leida y explicada a ellos punto por punto" (Ev. 227).

- Cuando se ha presentado el estudio bíblico sobre el bautismo, hágase un llamado a sellar el pacto con Dios mostrando sus promesas. Pregúntese luego: ¿Está dispuesto Ud. a prepararse para efectuar, dentro de algún tiempo este pacto de amor con el Señor Jesús?.

- Explíquese la necesidad de una buena preparación y que hay clases especiales para los que desean dar este paso.

- Hable con el pastor, anciano o dirigente de la iglesia, preséntele el candidato, y haga los arreglos necesarios para que esas clases comiéncen cuanto antes.
- Pueden ser dadas en forma colectiva o individual, de acuerdo a las circunstancias.
- Deben ser acompañadas de un diálogo personal, ayudando, a salvar las dificultades que las almas tengan, mediante consejos, ayuno y oración.

d) Los hijos de nuestros hermanos no deben ser descuidados. Ellos necesitan ser visitados, alentados e instruidos. A menudo es descuidada esta importante obra. Muchos ya estarían en la iglesia si alguien les hubiera hablado al corazón. Deben ser considerados como cualquier otro interesado que no conoce la verdad. Deben ser tratados con paciencia y amor, recibir estudios bíblicos y ser integrados a las clases bautismales.

3. EVÍTESE LA CRÍTICA Y LOS COMENTARIOS NEGATIVOS

"En cada iglesia debe hacerse un esfuerzo fervoroso para desterrar todo mal hablar y todo espíritu de crítica, por estar este pecado entre los que producen mayores males. La severidad y el deseo de encontrar faltas tienen que considerarse como obra satánica y ser objeto de represión. El amor mutuo y la confianza han de fomentarse y fortalecerse en cada miembro de la iglesia". (E.E.T. 209/1).

a) No deben ser discutidos problemas de la iglesia o dificultades entre miembros, en presencia de almas nueva.

b) Con el objetivo de "informar" o "advertir", hay quienes hablan mal de algunos hermanos a los nuevos conversos. Es un pecado delante de Dios, pues siembra prejuicios y disensión entre hermanos, destruyendo el gozo y la espiritualidad. El Señor es deshonrado por la liviandad y carnalidad de estos hermanos que obran tan inescrupulosamente destruyendo almas con sus críticas.

4. CONFIRMADOS EN LA FE POR EL SERVICIO

La mejor manera de ayudar a los nuevos conversos, es animarlos, instruirlos y acompañarlos en la obra de salvar almas.

a) Una responsabilidad personal hacia Dios.

"A todos los recién llegados a la fe hay que educarlos en lo que atañe a su responsabilidad personal y a la actividad individual en la búsqueda de la salvación del prójimo." (Ev. 260/2).

b) Se fortalecen por el servicio.

"Cuando las almas se convierten, ponedlas a trabajar en seguida. Y a medida trabajen, de acuerdo con su habilidad, se irán haciendo más fuertes... Enseñad a los recién convertidos que han de entrar en el compañerismo de Cristo, para ser sus testigos, y para darlo a conocer al mundo." (Ev. 261/2).

c) Los votos bautismales: La promesa de salvar almas.

"Por medio de sus votos bautismales han prometidoE hacer esfuerzos fervorosos y abnegados para promover la obra de salvar almas en las partes más difíciles del campo... Dios ha colocado sobre cada creyente la responsabilidad de luchar para rescatar a los indefensos y oprimidos." (Ev. 260).

d) Para que nunca muera el primer amor.

"Enseñadles dándoles algo que hacer, en alguna clase de trabajo espiritual, para que su primer amor no muera sino que aumente en fervor." (Ev. 261-262).

e) Lo que destruye la espiritualidad.

"Nada destruye más rápidamente la espiritualidad del alma que el encerrarla en el egoísmo y el cuidado de sí misma. Los que complacen su propio yo y descuidan la atención de las almas y los cuerpos de las personas por quienes Cristo ha dado su vida, no están comiendo el pan de vida ni bebiendo del agua de la fuente de salvación. Están secos y no tienen savia, como un árbol que no lleva fruto. Son enanos espirituales que consumen sus recursos para el beneficio de sí mismos. Pero se olvidan que 'todo lo que el hombre sembrare, eso también segará' (Gal. 6:7)." (Ev. 262/2).

5. PROTEJAMOS DEL ERROR Y EL FANATISMO

"Dondequiera se haya suscitado un pequeño grupo, Satanás está tratando constantemente de molestar y distraer a sus miembros. Cuando una persona abandona sus pecados. ¿Suponéis que lo dejará solo? Por cierto que no. Queremos que comprendáis plenamente el fundamento de vuestra esperanza." (Ev. 262).

a) Se necesita más instrucción.

". El Señor desea que toda alma que pretenda creer la verdad tenga un conocimiento inteligente de lo que es esa verdad. Se levantarán falsos profetas y engañarán a muchos. Todo lo que puede ser sacudido, será sacudido. ¿No debe toda persona, pues, llegar a comprender las razones de nuestra fe?. En lugar de tener tantos sermones, debe haber un escudriñamiento más profundo de la Palabra de Dios, abriendo las Escrituras, texto por texto, e investigando para encontrar las poderosas evidencias que sostienen las doctrinas fundamentales que nos han guiado hasta donde estamos, sobre la plataforma de la verdad eterna." (Ev. 267/1).

b) Estimulemos el estudio de los libros del Espíritu de Profecía.

"Patriarcas y Profetas, y el Conflicto de los Siglos, son libros que están especialmente adaptados para los recién llegados a la fe, para que sean establecidos en la verdad. Se puntualizan los peligros que deben ser evitados por parte de las iglesias. Los que se familiarizan cabalmente con las lecciones que hay en estos libros verán los peligros, que están ante ellos, y podrán discernir el sencillo y recto sendero que les es señalado. Serán guardados de los senderos extraños." (Ev. 269)